普通高等教育"十四五"系列教材

水力学习题详解

主 编 张 晨 宋慧芳 高学平

中国水利水电出版社
www.waterpub.com.cn
·北京·

内 容 提 要

本书为高学平主编的《水力学》（中国水利水电出版社，2019版）的配套教材，对每章习题进行了详细解答，强调解题步骤，为学生课后作业或复习提供参考答案，并提高题解的准确性。本教材共分为17章，包括：绪论，流体静力学，流体运动学，流体动力学，流动阻力和能量损失，量纲分析与相似原理，孔口、管嘴和有压管流，明渠恒定流，水跃，堰流及闸孔出流，渗流，明渠非恒定流，船闸输水系统，泥沙运动，波浪运动，泄水建筑物下游水流的衔接与消能，高速水流。

本书是水利水电工程、港口航道及海岸工程等专业水力学课程的配套教材，也可作为其他相近专业的教材或参考书，并可供有关专业工程技术人员参考使用。

图书在版编目（CIP）数据

水力学习题详解 / 张晨，宋慧芳，高学平主编. --
北京：中国水利水电出版社，2024.5
普通高等教育"十四五"系列教材
ISBN 978-7-5226-2102-9

Ⅰ.①水… Ⅱ.①张… ②宋… ③高… Ⅲ.①水力学－高等学校－题解 Ⅳ.①TV13-44

中国国家版本馆CIP数据核字(2024)第106728号

书　　名	普通高等教育"十四五"系列教材 **水力学习题详解** SHUILIXUE XITI XIANGJIE
作　　者	主编　张　晨　宋慧芳　高学平
出版发行	中国水利水电出版社 （北京市海淀区玉渊潭南路1号D座　100038） 网址：www.waterpub.com.cn E-mail: sales@mwr.gov.cn 电话：(010) 68545888（营销中心）
经　　售	北京科水图书销售有限公司 电话：(010) 68545874、63202643 全国各地新华书店和相关出版物销售网点
排　　版	中国水利水电出版社微机排版中心
印　　刷	天津嘉恒印务有限公司
规　　格	184mm×260mm　16开本　7印张　170千字
版　　次	2024年5月第1版　2024年5月第1次印刷
印　　数	0001—2000册
定　　价	**28.00元**

凡购买我社图书，如有缺页、倒页、脱页的，本社营销中心负责调换
版权所有·侵权必究

前　言

本书是高学平主编的《水力学》（中国水利水电出版社，2019版）的配套教材，主要内容为《水力学》各章习题详解，共17章，即绪论，流体静力学，流体运动学，流体动力学，流动阻力和能量损失，量纲分析与相似原理，孔口、管嘴和有压管流，明渠恒定流，水跃，堰流及闸孔出流，渗流，明渠非恒定流，船闸输水系统，泥沙运动，波浪运动，泄水建筑物下游水流的衔接与消能，高速水流。

本书与《水力学》保持了高度一致性，采用《水力学》中所述的基本概念、基本原理和基本方法详细解答了每章习题，便于学生加深理解和掌握各章重要知识点和具体应用算例。教材强调解题步骤，为学生课后作业或复习提供参考答案，并提高题解的准确性。

本书采取集体讨论、分工执笔、主编通稿审定的编写方式。参加编写人员为：张晨（第1~5章）、宋慧芳（第6、7、11章）、高学平（第8~10章）、缑文娟（第12、16、17章）、张金凤（第13章）、李绍武和柳叶（第14章）、张庆河（第15章），孙美琪制作了数字资源。张晨、宋慧芳、高学平担任主编。

本书参考了相关书籍的部分内容，引用了其中的部分插图，在此，编者向有关作者和出版社表示衷心的感谢。

由于编者水平所限，书中不妥之处，恳切希望广大读者批评指正。

编者

2023年8月

目 录

前言
第1章 绪论 ·· 1
第2章 流体静力学 ·· 4
第3章 流体运动学 ·· 16
第4章 流体动力学 ·· 19
第5章 流动阻力和能量损失 ··· 33
第6章 量纲分析与相似原理 ··· 45
第7章 孔口、管嘴和有压管流 ····································· 47
第8章 明渠恒定流 ·· 53
第9章 水跃 ·· 67
第10章 堰流及闸孔出流 ·· 70
第11章 渗流 ··· 74
第12章 明渠非恒定流 ·· 78
第13章 船闸输水系统 ·· 81
第14章 泥沙运动 ·· 87
第15章 波浪运动 ·· 92
第16章 泄水建筑物下游水流的衔接与消能 ················· 99
第17章 高速水流 ·· 105

目 录

第1章 绪　论

1.1 已知某水流流速分布为 $u=0.72y^{1/10}$，u 的单位为 m/s，y 为距底部壁面的距离，单位为 m。(1) 求 $y=0.1$m、0.5m、1.0m 处的流速梯度；(2) 若水的运动黏滞系数 $\nu=0.01010$cm²/s，计算相应的切应力。

解：(1) $\dfrac{du}{dy}=\dfrac{d}{dy}(0.72y^{1/10})=0.72\times\dfrac{1}{10}\times y^{-9/10}=0.072y^{-9/10}$

则 $y=0.1$m 处的流速梯度为

$$\left.\dfrac{du}{dy}\right|_{y=0.1}=0.072\times 0.1^{-9/10}=0.572$$

$y=0.5$m 处的流速梯度为

$$\left.\dfrac{du}{dy}\right|_{y=0.5}=0.072\times 0.5^{-9/10}=0.134$$

$y=1.0$m 处的流速梯度为

$$\left.\dfrac{du}{dy}\right|_{y=1.0}=0.072\times 1.0^{-9/10}=0.072$$

(2) 切应力 $\tau=\mu\dfrac{du}{dy}=\rho\nu\dfrac{du}{dy}=998.2\times 0.01010\times 10^{-4}\dfrac{du}{dy}=10.082\times 10^{-4}\times\dfrac{du}{dy}$

则 $y=0.1$m 处的切应力为

$$\tau|_{y=0.1}=10.082\times 10^{-4}\times\left.\dfrac{du}{dy}\right|_{y=0.1}=5.77\times 10^{-4}(\text{Pa})$$

$y=0.5$m 处的切应力为

$$\tau|_{y=0.5}=10.082\times 10^{-4}\times\left.\dfrac{du}{dy}\right|_{y=0.5}=1.35\times 10^{-4}(\text{Pa})$$

$y=1.0$m 处的切应力为

$$\tau|_{y=1.0}=10.082\times 10^{-4}\times\left.\dfrac{du}{dy}\right|_{y=1.0}=0.726\times 10^{-4}(\text{Pa})$$

1.2 已知温度 20℃ 时水的密度 $\rho=998.2$kg/m³，动力黏滞系数 $\mu=1.002\times 10^{-3}$ N·s/m²，求其运动黏滞系数 ν。

解： 运动黏滞系数为

$$\nu=\mu/\rho=1.002\times 10^{-3}/998.2=1.0038\times 10^{-6}(\text{m}^2/\text{s})$$

1.3 容器内盛有液体，求下述不同情况时该液体所受单位质量力：(1) 容器静止时；(2) 容器以等加速度 g 垂直向上运动；(3) 容器以等加速度 g 垂直向下运动。

解： 设垂直方向向上为正方向。

资源 1.1
习题 1.3
解析

(1) 容器静止时，液体所受质量力只有重力，三个方向的单位质量力分别为
$$f_x=f_y=0,\quad f_z=-g\,(\text{m/s}^2)$$

(2) 容器以等加速度 g 垂直向上运动时，液体所受质量力有重力和惯性力，其中惯性力和物体运动的加速度方向相反，三个方向的单位质量力分别为
$$f_x=f_y=0,\ f_z=-g+(-g)=-2g\,(\text{m/s}^2)$$

(3) 容器以等加速度 g 垂直向下运动时，液体所受质量力有重力和惯性力，其中惯性力和物体运动的加速度方向相反，三个方向的单位质量力分别为
$$f_x=f_y=0,\ f_z=-g+g=0$$

1.4 根据牛顿内摩擦定律，推导动力黏滞系数 μ 和运动黏滞系数 ν 的量纲。

解：根据牛顿内摩擦定律可知，内摩擦力的数学表达式为
$$T=\mu A\frac{\mathrm{d}u}{\mathrm{d}y}$$

可得动力黏滞系数为
$$\mu=\frac{T}{A\,\mathrm{d}u/\mathrm{d}y}$$

其量纲为
$$[\mu]=\frac{[T]}{[A][\mathrm{d}u/\mathrm{d}y]}=\frac{\mathrm{MLT}^{-2}}{\mathrm{L}^2(\mathrm{LT}^{-1}\mathrm{L}^{-1})}=\frac{\mathrm{MLT}^{-2}}{\mathrm{L}^2\mathrm{T}^{-1}}=\mathrm{ML}^{-1}\mathrm{T}^{-1}$$

运动黏滞系数为
$$\nu=\frac{\mu}{\rho}$$

其量纲为
$$[\nu]=\frac{[\mu]}{[\rho]}=\frac{\mathrm{ML}^{-1}\mathrm{T}^{-1}}{\mathrm{ML}^{-3}}=\mathrm{L}^2\mathrm{T}^{-1}$$

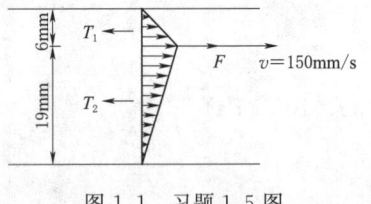

图 1.1　习题 1.5 图

1.5 两个平行壁面间距 25mm，中间为黏滞系数 $\mu=0.7\text{Pa}\cdot\text{s}$ 的油，有一个 250mm×250mm 的平板（忽略平板的厚度），在距一个壁面 6mm 处以 150mm/s 的速度拖行。设平板与壁面完全平行，并假设平板两边的流速分布均为线性，求拖行平板的力。

解：如图 1.1 所示，由受力分析得
$$F=T_1+T_2$$

$$T_1=\mu A\frac{\mathrm{d}v}{\mathrm{d}y_1}=0.7\times0.25\times0.25\times\frac{0.150}{0.006}=1.09(\text{N})$$

$$T_2=\mu A\frac{\mathrm{d}v}{\mathrm{d}y_2}=0.7\times0.25\times0.25\times\frac{0.150}{0.019}=0.35(\text{N})$$

则拖行平板的力为
$$F=T_1+T_2=1.44(\text{N})$$

1.6 一底面积为 40cm×45cm 的矩形平板，质量为 5kg，沿涂有润滑油的斜面向下作等速运动，斜面倾角 $\theta=22.62°$，如图 1.2（a）所示。已知平板运动速度 $u=1\text{m/s}$，油

层厚 $\delta=1\text{mm}$，由平板所带动的油层的运动速度是直线分布。求润滑油的动力黏滞系数 μ。

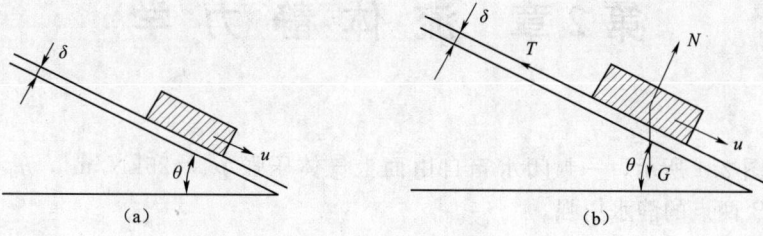

图 1.2　习题 1.6 图

解：如图 1.2（b）所示，平板所受作用力包括：重力 G、斜面的支撑力 N、摩擦力 T。

由受力平衡得

$$T = G\sin\theta = 5 \times 9.8 \times \sin 22.62° = 18.85(\text{N})$$

根据内摩擦力公式 $T = \mu A \dfrac{\mathrm{d}u}{\mathrm{d}y}$，则润滑油的动力黏滞系数为

$$\mu = \frac{T}{A\dfrac{\mathrm{d}u}{\mathrm{d}y}} = \frac{18.85}{0.40 \times 0.45 \times \dfrac{1}{1 \times 10^{-3}}} = 0.1047(\text{N}\cdot\text{s/m}^2)$$

第 2 章 流体静力学

2.1 如图 2.1 所示，一封闭水箱自由面上气体压强 $p_0=25\text{kN/m}^2$，$h_1=5\text{m}$，$h_2=2\text{m}$。求 A、B 两点的静水压强。

解： $p_A=p_0+\rho g h_1=25\times10^3+10^3\times9.8\times5=74\times10^3(\text{N/m}^2)=74\text{kN/m}^2$

$p_B=p_A-\rho g(h_1-h_2)=74\times10^3-10^3\times9.8\times(5-2)=44.6\times10^3(\text{N/m}^2)=44.6\text{kN/m}^2$

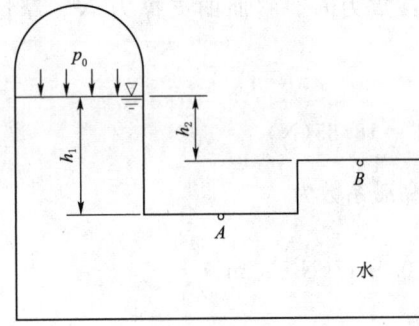

图 2.1 习题 2.1 图

2.2 已知某点绝对压强为 80kN/m^2，当地大气压强 $p_a=98\text{kN/m}^2$。试用水柱和水银柱表示该点绝对压强、相对压强和真空压强。

解：（1）绝对压强：$p'=80\text{kN/m}^2$

水柱表示为

$$h'=\frac{p'}{\rho g}=\frac{80\times10^3}{10^3\times9.8}=8.16(\text{m})$$

水银柱表示为

$$h'_{\text{Hg}}=\frac{p'}{\rho_{\text{Hg}}g}=\frac{80\times10^3}{13.6\times10^3\times9.8}=0.60(\text{m})$$

（2）相对压强：$p=p'-p_a=80-98=-18(\text{kN/m}^2)$

（3）真空压强：$p_k=|p|=18(\text{kN/m}^2)$

水柱表示为

$$h=\frac{p_k}{\rho g}=\frac{-18\times10^3}{10^3\times9.8}=-1.84(\text{m})$$

水银柱表示为

$$h_{\text{Hg}}=\frac{p_k}{\rho_{\text{Hg}}g}=\frac{-18\times10^3}{13.6\times10^3\times9.8}=-0.135(\text{m})$$

2.3 图 2.2 所示为一个复式水银测压计，已知 $\nabla_1=2.3\text{m}$，$\nabla_2=1.2\text{m}$，$\nabla_3=2.5\text{m}$，$\nabla_4=1.4\text{m}$，$\nabla_5=3.5\text{m}$。试求水箱液面上的绝对压强 p_0。

解： 利用等压面及点压强计算公式，由 ∇_1 压强逐点推算至 ∇_5 压强。

$p'_2=p'_1+\rho_{\text{Hg}}g(\nabla_1-\nabla_2)=p_a+13.6\times10^3\times9.8\times(2.3-1.2)=p_a+146.608\times10^3(\text{Pa})$

$p'_3=p'_2-\rho g(\nabla_3-\nabla_2)=p_a+146.608\times10^3-10^3\times9.8\times(2.5-1.2)$
$=p_a+133.868\times10^3(\text{Pa})$

$p'_4=p'_3+\rho_{\text{Hg}}g(\nabla_3-\nabla_4)=p_a+133.868\times10^3+13.6\times10^3\times9.8\times(2.5-1.4)$
$=p_a+280.476\times10^3(\text{Pa})$

$p'_0=p'_5=p'_4-\rho g(\nabla_5-\nabla_4)=p_a+280.476\times10^3-10^3\times9.8\times(3.5-1.4)$
$=p_a+259.896\times10^3(\text{Pa})$

或联立可得
$$p_0' = p_1' + \rho_{Hg} g(\nabla_1 - \nabla_2) - \rho g(\nabla_3 - \nabla_2) + \rho_{Hg} g(\nabla_3 - \nabla_4) - \rho g(\nabla_5 - \nabla_4)。$$
若当地大气压以标准大气压计，得绝对压强为
$$p_0' = p_a + 259.896 \times 10^3 = 101.325 \times 10^3 + 259.896 \times 10^3 = 361.221(kPa)$$
若当地大气压以工程大气压计，得绝对压强为
$$p_0' = p_a + 259.896 \times 10^3 = 98 \times 10^3 + 259.896 \times 10^3 = 357.896(kPa)$$

2.4 某压差计如图 2.3 所示，已知 $h_A = h_B = 1\text{m}$，$\Delta h = 0.5\text{m}$。求 $p_A - p_B$。

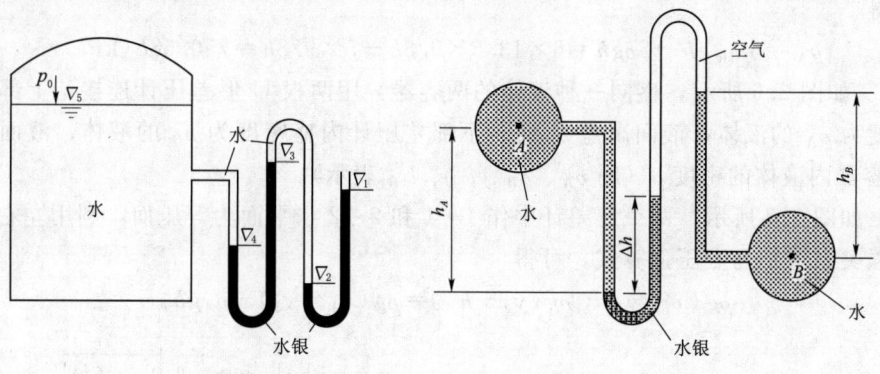

图 2.2　习题 2.3 图　　　　图 2.3　习题 2.4 图

解：由图 2.3 可知，两种液体交界面（水平面）为等压面，空气密度可忽略不计，根据由点压强公式可得
$$p_A + \rho g h_A - \rho_{Hg} g \Delta h = p_B - \rho g h_B$$
将已知数值代入上式，得
$$\begin{aligned} p_A - p_B &= \rho_{Hg} g \Delta h - \rho g(h_A + h_B) = 13.6 \times 10^3 \times 9.8 \times 0.5 - 1 \times 10^3 \times 9.8 \times (1+1) \\ &= 47.04(kN/m^2) \end{aligned}$$

2.5 如图 2.4 所示，利用三组串联的 U 形水银测压计测量高压水管中的压强，测压计顶端盛水。当 M 点压强等于大气压强时，各支水银面均位于 0—0 水平面上。当最末一组测压计右支水银面在 0—0 平面以上的读数为 h 时，求 M 点的压强。

资源 2.1
习题 2.5
解析

解：设水银与水的交界面由右至左分别为断面 1~5，如图 2.5 所示。

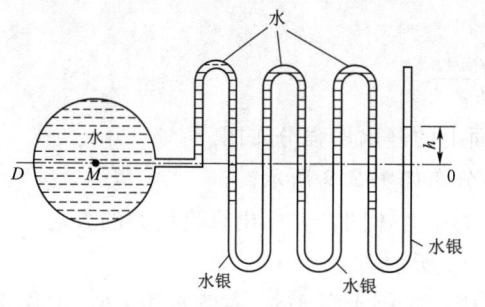 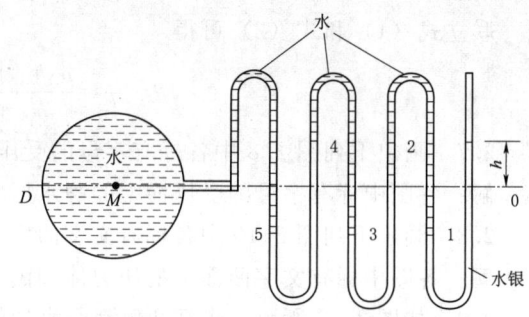

图 2.4　习题 2.5 图　　　　图 2.5　习题 2.5 等压面

由点压强计算公式可知：
$$p_1 = 2\rho_{Hg}gh$$
$$p_2 = p_1 - 2\rho gh$$
$$p_3 = p_2 + 2\rho_{Hg}gh$$
$$p_4 = p_3 - 2\rho gh$$
$$p_5 = p_4 + 2\rho_{Hg}gh$$
$$p_M = p_5 - \rho gh$$

可得
$$p_M = 6\rho_{Hg}gh - 5\rho gh = 6 \times 13.6 \times 9.8h - 5 \times 9.8h = 750.68h \text{ (kPa)}$$

2.6 如图 2.6 所示，盛同一种液体的两容器，用两根 U 形差压计连接。上部差压计内盛密度为 ρ_A 的液体，液面高差为 h_A；下部差压计内盛密度为 ρ_B 的液体，液面高差为 h_B。求容器内液体的密度 ρ（用 ρ_A、ρ_B、h_A、h_B 表示）。

解：如图 2.7 所示，两个压差计中作 1—1 和 2—2 水平面为等压面，利用左右两侧水体点压强关系分别列点压强算式，可得
$$\rho g(x + y_1) - \rho g(y_3 + h_A) = \rho g(y_1 - y_3) - \rho_A g h_A$$

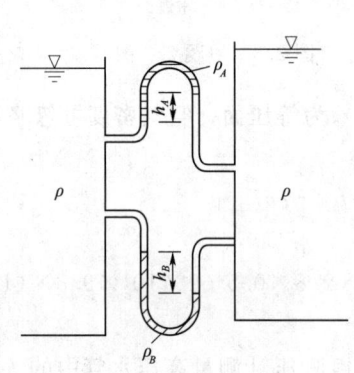
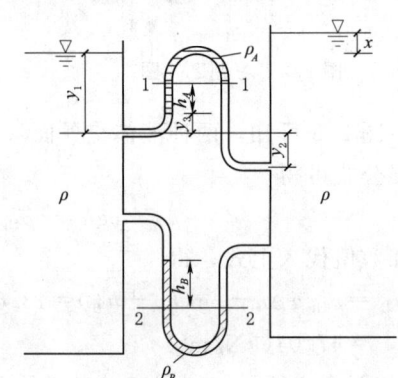

图 2.6 习题 2.6 图　　　图 2.7 习题 2.6 等压面

化简得
$$\rho g x = (\rho - \rho_A) g h_A \tag{1}$$

同理，
$$\rho g x = (\rho_B - \rho) g h_B \tag{2}$$

联立式（1）和式（2）可得
$$\rho = \frac{\rho_A h_A + \rho_B h_B}{h_A + h_B}$$

2.7 画出下列图 2.8 中各标有字母的受压面上的静水压强分布图。

解：各图中标有字母的受压面上的静水压强分布如图 2.9 所示。

2.8 画出下列图 2.10 中各标有文字曲面上的压力体图，并标出垂直压力的方向。

解：各图中标有文字曲面上的压力体如图 2.11 所示。

2.9 如图 2.12 所示，水闸两侧都受水的作用，左侧水深 3m，右侧水深 2m。求作用在单位宽度闸门上静水总压力的大小及作用点位置（用图解法和解析法分别求解）。

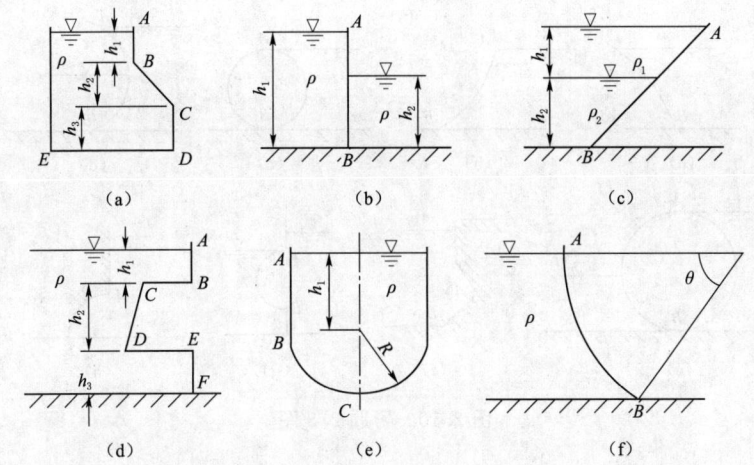

图 2.8 习题 2.7 图

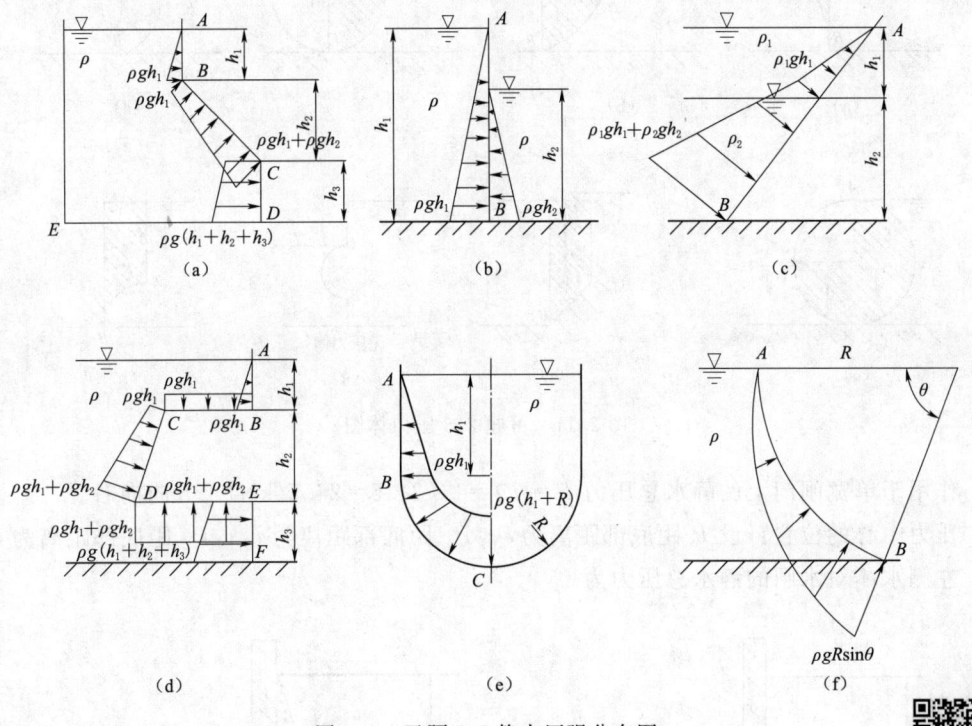

图 2.9 习题 2.7 静水压强分布图

解：(1) 图解法。

绘出静水压强分布图，如图 2.13 所示。

压强分布图的面积为

$$\Omega = \frac{1}{2}\rho g(h_1-h_2)^2 + \rho g h_2(h_1-h_2) = \frac{1}{2}\times 10^3 \times 9.8 \times (3-2)^2 + 10^3 \times 9.8 \times 2 \times (3-2)$$
$$= 24.5 (\text{m}^2)$$

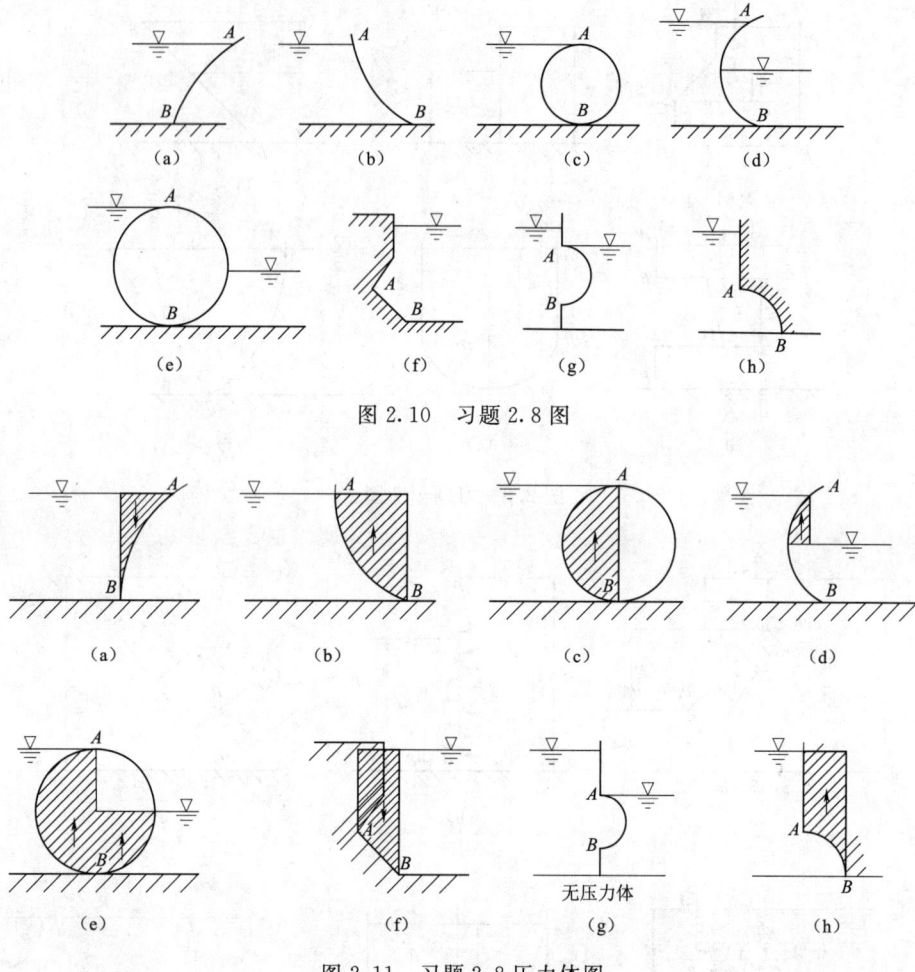

图 2.10 习题 2.8 图

图 2.11 习题 2.8 压力体图

作用于单宽闸门上的静水总压力 $P=b\Omega=1\times24.5=24.5(\text{kN})$，方向向右。

压力中心的位置：设 P 距底部距离为 e；P_1 距底部距离为 e_1；P_2 距底部距离为 e_2。

左侧水体对水闸的静水总压力为

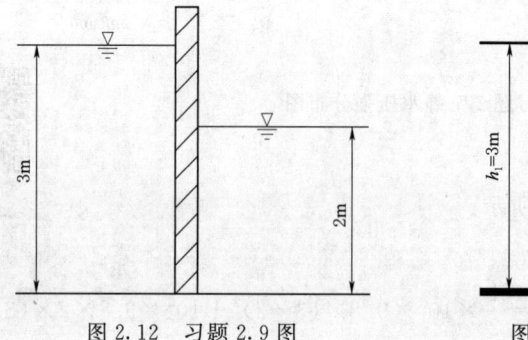

图 2.12 习题 2.9 图

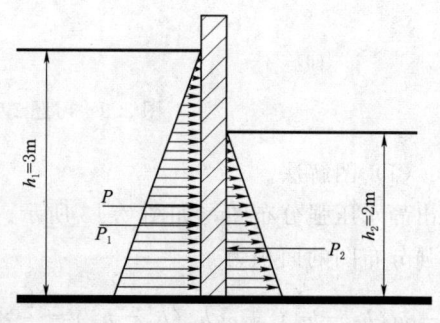

图 2.13 习题 2.9 静水压强分布图

$$P_1 = b\Omega_1 = 1 \times \frac{1}{2} \times 10^3 \times 9.8 \times 3^2 = 44.1 \text{(kN)}$$

右侧水体对水闸的静水总压力为

$$P_2 = b\Omega_2 = 1 \times \frac{1}{2} \times 10^3 \times 9.8 \times 2^2 = 19.6 \text{(kN)}$$

根据合力矩等于分力矩之和可得

$$Pe = P_1 e_1 - P_2 e_2$$

$$e = \left(44.1 \times \frac{3}{3} - 19.6 \times \frac{2}{3}\right)/24.5 = 1.27 \text{(m)}$$

(2) 解析法。

图中可知，左侧受压面形心的淹没深度 $h_{c1} = \frac{h_1}{2} = \frac{3}{2} = 1.5 \text{(m)}$；面积 $A_1 = bh_1 = 1 \times 3 = 3 \text{(m}^2\text{)}$。

右侧受压面形心的淹没深度 $h_{c2} = \frac{h_2}{2} = \frac{2}{2} = 1.0 \text{(m)}$；面积 $A_2 = bh_2 = 1 \times 2 = 2 \text{(m}^2\text{)}$。

$$P_1 = \rho g h_{c1} A_1 = 10^3 \times 9.8 \times 1.5 \times 3 = 44.1 \text{(kN)}$$
$$P_2 = \rho g h_{c2} A_2 = 10^3 \times 9.8 \times 1.0 \times 2 = 19.6 \text{(kN)}$$

作用于水闸上的静水总压力为

$$P = P_1 - P_2 = 44.1 - 19.6 = 24.5 \text{(kN)}$$

压力中心位置：

左侧：
$$l_{d1} = l_{c1} + \frac{I_{c1}}{l_{c1} A_1} = 1.5 + \frac{\frac{1}{12} \times 1 \times 3^3}{1.5 \times 3} = 2.0 \text{(m)}$$

右侧：
$$l_{d2} = l_{c2} + \frac{I_{c2}}{l_{c2} A_2} = 1 + \frac{\frac{1}{12} \times 1 \times 2^3}{1 \times 2} = 1.33 \text{(m)}$$

$$P l_d = P_1 l_{d1} - P_2 (1 + l_{d2})$$

$$l_d = (44.1 \times 2.0 - 19.6 \times 2.33)/24.5 = 1.73 \text{(m)}$$

2.10 如图 2.14 所示，$h_1 = 0.6 \text{m}$，$h_2 = 1.0 \text{m}$，$\rho_1 = 80 \text{kg/m}^3$，$\rho_2 = 100 \text{kg/m}^3$，$\alpha = 60°$。求承受两层液体的斜壁上的液体总压力（以 1m 宽计）。

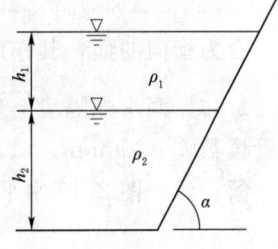

图 2.14 习题 2.10 图

解：

(1) 上层液体对斜壁压力：

$$P_1 = p_{c1} A_1 = \frac{1}{2} \rho_1 g h_1 l_1 = \frac{1}{2} \times 80 \times 9.8 \times 0.6 \times \frac{0.6}{\sin 60°}$$
$$= 162.95 \text{(N)}$$

P_1 压力中心距液面的斜距：

$$y_1 = l_1 - \frac{l_1}{3} = \frac{2}{3} \times \frac{0.6}{\sin 60°} = 0.46 \text{(m)}$$

(2) 下层液体对斜壁压力：

$$P_2 = p_{c2}A_2 = \left(\rho_1 g h_1 + \frac{1}{2}\rho_2 g h_2\right)l_2 = \left(80\times 9.8\times 0.6 + \frac{1}{2}\times 100\times 9.8\times 1.0\right)\times \frac{1.0}{\sin 60°}$$
$$=1108.97(\text{N})$$

P_2 压力中心距分界面的斜距：

$$y_2 = l_2 - \frac{l_2(2h_1+h_1+h_2)}{3(h_1+h_1+h_2)} = \frac{1.0}{\sin 60°} - \frac{1.0}{\sin 60°}\times \frac{3\times 0.6+1.0}{3\times(2\times 0.6+1.0)} = 0.66(\text{m})$$

(3) 作用在斜壁上的液体总压力：

$$P = P_1 + P_2 = 162.95 + 1108.97 = 1271.92(\text{N})$$

(4) 总压力中心距水面的斜距为 y，则 $Py = P_1 y_1 + P_2(l_1+y_2)$

$$y = \frac{P_1 y_1 + P_2(l_1+y_2)}{P} = \frac{162.95\times 0.46 + 1108.97\times(0.69+0.66)}{1271.92} = 1.24(\text{m})$$

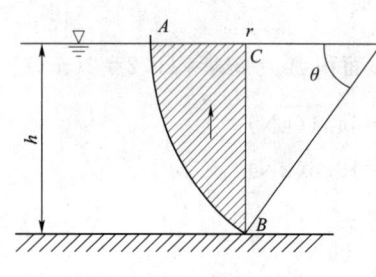

图 2.15 习题 2.11 图

2.11 如图 2.15 所示，一弧形闸门 AB，宽 $b=4$m，圆心角 $\theta=45°$，半径 $r=2$m，闸门转轴恰与水面齐平。求作用于闸门的静水压力及作用点。

解：(1) 水平分力。

水深：$h = r\sin\theta = 2\times \sin 45° = 1.41(\text{m})$

铅垂投影面面积：$A_x = bh = 4\times 1.41 = 5.64(\text{m}^2)$

$$P_x = \rho g h_c A_x = \frac{1}{2}\times 1000\times 9.8\times 1.41\times 5.64$$
$$=39(\text{kN})，方向水平向右$$

(2) 铅直分力，压力体如图 2.15 中 ABC 所示。

压力体体积：$V = bA = 4\times\left(\frac{45}{360}\pi r^2 - \frac{1}{2}r\sin 45°\cdot r\cos 45°\right) = 4\times(1.57-1) = 2.28(\text{m}^3)$

$$P_z = \rho g V = 1000\times 9.8\times 2.28 = 22.344(\text{kN})，方向铅垂向上$$

(3) 总压力：

$$P = \sqrt{P_x^2 + P_z^2} = \sqrt{39^2 + 22.344^2} = 44.95(\text{kN})$$

(4) 作用力方向：

合力指向曲面，其作用线与水平方向夹角 $\alpha = \arctan\dfrac{P_z}{P_x} = \arctan\left(\dfrac{22.344}{39}\right) = 29.8°$

2.12 两水池隔墙上装有一半球形堵头，如图 2.16 所示。球形堵头半径 $R=1$m，测压管读数 $h=200$mm。(1) 求水位差 ΔH；(2) 求半球形堵头的总压力的大小和方向。

解：(1) 图 2.17 水平面为等压面，则

$$\rho_{\text{Hg}}gh = \rho g(\Delta H + h)$$

水位差：$\Delta H = \dfrac{\rho_{\text{Hg}} - \rho}{\rho}h = (13.6-1)\times 200 = 2520(\text{mm}) = 2.52\text{m}$

(2) 水平分力。

铅垂投影面面积：$A_x = \pi R^2 = 3.14\times 1^2 = 3.14(\text{m}^2)$

投影面形心的淹没深度：$h_{c左} = l$，$h_{c右} = l + \Delta H$

$P_x = \rho g h_{c右} A_x - \rho g h_{c左} A_x = \rho g \Delta H A_x = 1000 \times 9.8 \times 2.52 \times 3.14 = 77.5 (\text{kN})$，方向水平向左

（3）铅直分力。

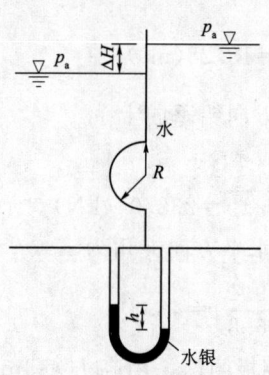

图2.16 习题2.12图

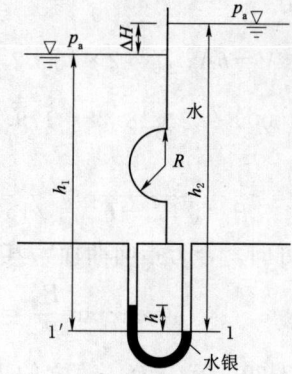

图2.17 习题2.12等压面与压力体图

因左右两侧压力体相互抵消，$P_z = 0$。

（4）总压力：$P = P_x = 77.5 \text{kN}$，方向水平向左。

2.13 求作用在如图2.18所示的宽4m的矩形涵管闸门上的静水总压力 P 及压力中心 h_D。

解： 闸门形心的淹没深度为

$$h_c = 3 + \frac{2 \times \sin 60°}{2} = 3.87 (\text{m})$$

作用在闸门上的静水总压力为

$$P = \rho g h_c A = 1000 \times 9.8 \times 3.87 \times 4 \times 2 = 303.41 (\text{kN})$$

利用《水力学》表2.1中矩形压力中心与水面的斜距公式，压力中心与水面的斜距为

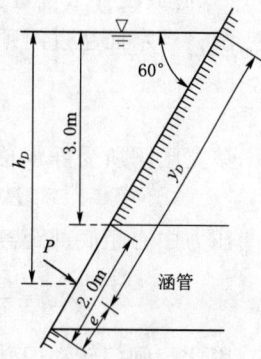

图2.18 习题2.13图

$$y_D = \frac{3}{\sin 60°} + \frac{3 \times \frac{3}{\sin 60°} + 2 \times 2}{3 \times \left(2 \times \frac{3}{\sin 60°} + 2\right)} \times 2 = 4.53 (\text{m})$$

或压力中心距底面的斜距为

$$e = \frac{2}{3} \times \frac{2 \times 3 + 3 + 2 \times \sin 60°}{3 + 3 + 2 \times \sin 60°} = 0.93 (\text{m})$$

压力中心的淹没深度：

$$h_D = y_D \sin 60° = 3.92 (\text{m})$$

2.14 圆弧门如图2.19所示，门长2m。
（1）求作用于闸门的水平分力；（2）求铅直分力；（3）求总压力及其作用线。

解： （1）水平分力。

铅垂投影面面积：$A_x = br = 2 \times 2 = 4 (\text{m}^2)$

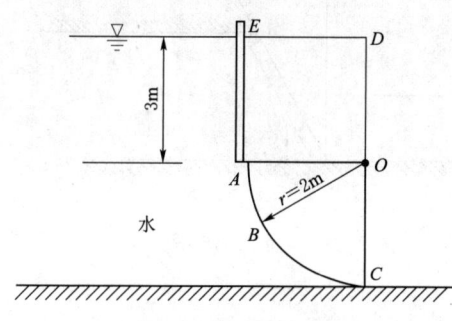

图2.19 习题2.14图

投影面形心的淹没深度：$h_c = h + \dfrac{r}{2} = 3 + \dfrac{2}{2} = 4 \text{(m)}$

$P_x = \rho g h_c A_x = 1000 \times 9.8 \times 4 \times 4 = 156.8 \text{(kN)}$，方向水平向右

（2）铅直分力。

压力体体积：$V = b A_{ACDE} = 2 \times \left(3 \times 2 + \dfrac{\pi \times 2^2}{4}\right) = 18.28 \text{(m}^3\text{)}$

$P_z = \rho g V = 1000 \times 9.8 \times 18.28 = 179.1 \text{(kN)}$，方向铅垂向上

（3）总压力。

$$P = \sqrt{P_x^2 + P_z^2} = \sqrt{156.8^2 + 179.1^2} = 238.04 \text{(kN)}$$

（4）作用力方向。合力指向曲面，其作用线与水平方向夹角为

$$\alpha = \arctan\dfrac{P_z}{P_x} = \arctan\left(\dfrac{179.1}{156.8}\right) = 48.8°$$

2.15 如图 2.20 所示，有一直立的矩形自动翻板闸门，门高 $H=3\text{m}$。如果要求水面超过门顶高度 $h=1\text{m}$ 时，翻板闸门即可自动打开。若忽略门轴摩擦的影响，问该门转动轴 0—0 应放在什么位置？

解： 当水面超过门顶 $h=1\text{m}$ 时，闸门中心淹没深度为

$$h_c = h + \dfrac{H}{2} = 1 + \dfrac{3}{2} = 2.5 \text{(m)}$$

单宽闸门所受静水总压力：

$$P = \rho g h_c A = 1000 \times 9.8 \times 2.5 \times 3 = 73.5 \text{(kN)}$$

压力中心距底部距离：

$$e = \dfrac{H}{3}\dfrac{2h+(h+H)}{h+h+H} = \dfrac{3}{3} \times \dfrac{2 \times 1+(1+3)}{1+1+3} = 1.2 \text{(m)}$$

因此，闸门转动门轴应距底部 1.2m。

2.16 如图 2.21 所示，涵洞进口设圆形平板闸门，其直径 $d=1\text{m}$，闸门与水平面成 $\alpha=60°$ 倾角并铰接于 B 点，闸门中心点位于水下 4m，门重 $G=980\text{N}$。当门后无水时，求启门力 T（不计摩擦力）。

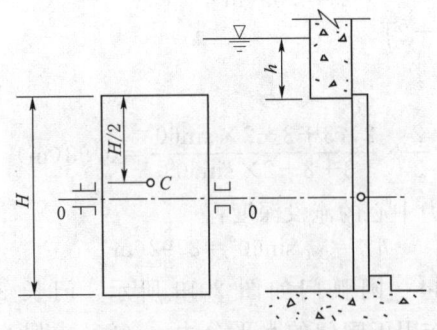

图 2.20 习题 2.15 图

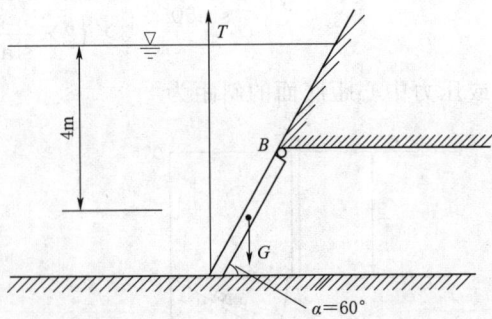

图 2.21 习题 2.16 图

解： 闸门中心的淹没深度为 $h_c = 4\text{m}$。

闸门所受静水总压力：

$$P = \rho g h_c A = 1000 \times 9.8 \times 4 \times \frac{1}{4} \times \pi \times 1^2 = 30.77 \text{(kN)}$$

作用点距水面的斜距 l_D：

$$l_1 = \frac{h_c}{\sin 60°} - r = \frac{4}{\sin 60°} - \frac{1}{2} = 4.12 \text{(m)}$$

$$l_D = l_1 + \frac{d(8l_1 + 5d)}{8(2l_1 + d)} = 4.12 + \frac{1 \times (8 \times 4.12 + 5 \times 1)}{8 \times (2 \times 4.12 + 1)} = 4.63 \text{(m)}$$

根据 B 点处力矩平衡：

$$P(l_D - l_1) + G\frac{d}{2}\cos\alpha = T_{\min} d\cos\alpha$$

则

$$T_{\min} = \frac{P(l_D - l_1) + G\frac{d}{2}\cos\alpha}{d\cos\alpha} = \frac{30.77 \times (4.63 - 4.12) + 0.98 \times \frac{1}{2} \times \cos 60°}{1 \times \cos 60°} = 31.88 \text{(kN)}$$

因此，启门力应大于 31.88kN。

2.17 为校核如图 2.22 所示的混凝土重力坝的稳定性，对于下游无水和有水两种情况，分别计算作用于单位长度坝体上水平水压力和铅直水压力。

解：(1) 下游无水情况。

1) 水平分力。

铅垂投影面面积：$A_x = bh_1 = 1 \times 26 = 26 \text{(m}^2\text{)}$

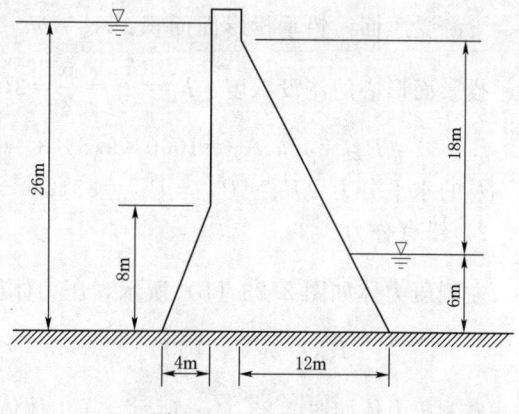

图 2.22 习题 2.17 图

投影面形心的淹没深度：

$$h_c = \frac{h_1}{2} = \frac{26}{2} = 13 \text{(m)}$$

$$P_x = \rho g h_c A_x = 1000 \times 9.8 \times 13 \times 26 = 3312.4 \text{(kN)}，方向水平向右$$

2) 铅直分力。

压力体如图 2.23（a）所示，压力体体积为 $V = bA_{ACDE} = 1 \times \frac{26 + 18}{2} \times 4 = 88 \text{(m}^3\text{)}$。

$$P_z = \rho g V = 1000 \times 9.8 \times 88 = 862.4 \text{(kN)}，方向铅垂向下$$

3) 总压力。

$$P = \sqrt{P_x^2 + P_z^2} = \sqrt{3312.4^2 + 862.4^2} = 3422.82 \text{(kN)}$$

4) 作用力方向。合力指向坝面，其作用线与水平方向夹角为

$$\alpha = \arctan\frac{P_z}{P_x} = \arctan\left(\frac{862.4}{3312.4}\right) = 14.6°$$

(2) 下游有水情况。

1) 水平分力。

上游受压面，铅垂投影面面积：$A_x = bh_1 = 1 \times 26 = 26 \text{(m}^2\text{)}$

投影面形心的淹没深度：$h_c = \frac{h_1}{2} = \frac{26}{2} = 13 \text{(m)}$

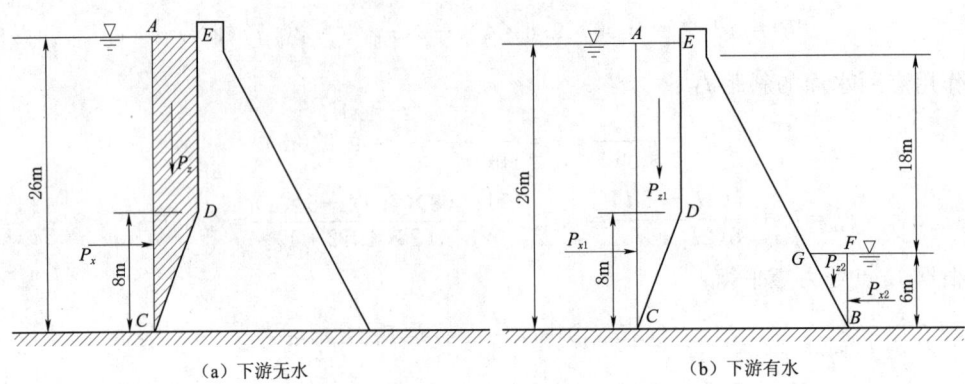

(a) 下游无水 (b) 下游有水

图 2.23 习题 2.17 压力体图

$$P_{x1} = \rho g h_c A_x = 1000 \times 9.8 \times 13 \times 26 = 3312.4 (\text{kN}),\ 方向水平向右$$

下游受压面，铅垂投影面面积：$A_x = bh_2 = 1 \times 6 = 6(\text{m}^2)$

投影面形心的淹没深度：$h_c = \dfrac{h_2}{2} = \dfrac{6}{2} = 3(\text{m})$

$$P_{x2} = \rho g h_c A_x = 1000 \times 9.8 \times 3 \times 6 = 176.4 (\text{kN}),\ 方向水平向左$$

总的水平分力：$P_x = P_{x1} - P_{x2} = 3312.4 - 176.4 = 3136 (\text{kN}),\ 方向水平向右$

2) 铅直分力。

左侧压力体如图 2.23（b）所示，压力体体积 $V = bA_{ACDE} = 1 \times \dfrac{26+18}{2} \times 4 = 88(\text{m}^3)$

$$P_{z1} = \rho g V = 1000 \times 9.8 \times 88 = 862.4 (\text{kN}),\ 方向铅垂向下$$

右侧压力体如图 2.23（b）所示，压力体体积 $V = bA_{BFG} = 1 \times \dfrac{1}{2} \times 6 \times \dfrac{12}{18+6} \times 6 = 9(\text{m}^3)$

$$P_{z2} = \rho g V = 1000 \times 9.8 \times 9 = 88.2 (\text{kN}),\ 方向铅垂向下$$

总铅直分力：$P_z = P_{z1} + P_{z2} = 862.4 + 88.2 = 950.6 (\text{kN}),\ 方向铅垂向下$

3) 总压力。

$$P = \sqrt{P_x^2 + P_z^2} = \sqrt{3136^2 + 950.6^2} = 3276.9 (\text{kN})$$

4) 作用力方向。合力指向曲面，其作用线与水平方向夹角为

$$\alpha = \arctan \dfrac{P_z}{P_x} = \arctan \left(\dfrac{950.6}{3136}\right) = 16.9°$$

2.18 如图 2.24 所示，一弧形闸门 AB，门前水深 $H = 3\text{m}$，$\alpha = 45°$，半径 $R = 4.24\text{m}$，试计算 1m 宽的门面上所受的静水总压力并确定其方向。

解：(1) 水平分力。

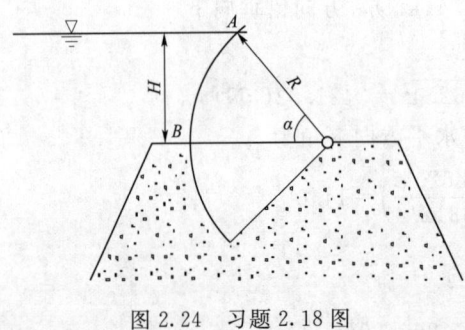

图 2.24 习题 2.18 图

铅垂投影面面积：$A_x = bH = 1 \times 3 = 3(\text{m}^2)$

投影面形心点淹没深度：　　　　$h_c = \dfrac{H}{2} = \dfrac{3}{2} = 1.5 \text{(m)}$

$$P_x = \rho g h_c A_x = 1000 \times 9.8 \times 1.5 \times 3 = 44.1 \text{(kN)}，方向向右$$

（2）铅直分力。压力体如图2.25所示，体积为

$$V = 1 \times \left\{ \dfrac{1}{2} \times [R + R(1-\cos\alpha)] \times H - \dfrac{\alpha}{360}\pi R^2 \right\}$$

$$= \dfrac{1}{2} \times [4.24 + 4.24 \times (1-\cos 45°)] \times 3 - \dfrac{45}{360}\pi \times 4.24^2 = 8.22 - 7.06 = 1.16 \text{(m}^3\text{)}$$

$$P_z = \rho g V = 1000 \times 9.8 \times 1.16 = 11.37 \text{(kN)}，方向向下$$

（3）总压力。

$$P = \sqrt{P_x^2 + P_z^2} = \sqrt{44.1^2 + 11.37^2} = 45.54 \text{(kN)}$$

（4）作用力的方向。合力指向曲面，其作用线与水平方向的夹角为

$$\theta = \operatorname{acrtan}\left(\dfrac{P_z}{P_x}\right) = \operatorname{acrtan}\left(\dfrac{11.37}{44.1}\right) = 14.5°$$

2.19 如图2.26所示，直径 $D=3.0\text{m}$ 的圆柱堰，长6m。求作用于圆柱堰的总压力及其方向。

解： 圆柱堰两侧静水压强分布如图2.27所示。

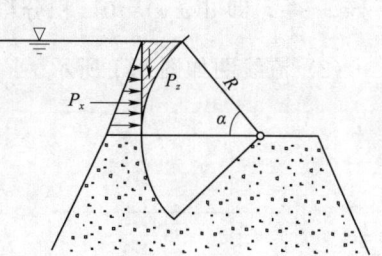

图2.25　习题2.18压力体图

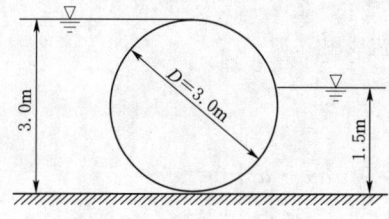

图2.26　习题2.19图

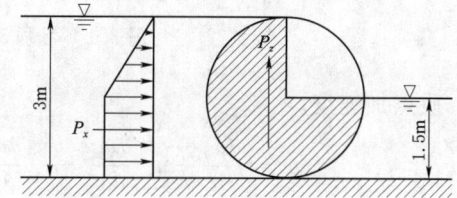

图2.27　习题2.19静水压强分布和压力体图

（1）水平分力。静水压强分布如图2.27所示。

$$P_x = b\Omega = 6 \times \dfrac{1}{2} \times (1.5+3) \times 1000 \times 9.8 \times 1.5 = 198.45 \text{(kN)}，方向向右$$

（2）铅直分力。压力体如图2.27所示，体积为

$$V = Ab = \dfrac{3}{4}\pi\dfrac{D^2}{4}b = \dfrac{3}{4} \times 3.14 \times \dfrac{3^2}{4} \times 6 = 31.8 \text{(m}^3\text{)}$$

$$P_z = \rho g V = 1000 \times 9.8 \times 31.8 = 311.64 \text{(kN)}，方向向上$$

（3）总压力。

$$P = \sqrt{P_x^2 + P_z^2} = \sqrt{198.45^2 + 311.64^2} = 369.46 \text{(kN)}$$

（4）作用力的方向。合力指向曲面，其作用线与水平方向的夹角为

$$\alpha = \operatorname{acrtan}\left(\dfrac{P_z}{P_x}\right) = \operatorname{acrtan}\left(\dfrac{311.64}{198.45}\right) = 57.5°$$

第3章 流体运动学

3.1 恒定二维流动的速度场为 $u_x=ax$，$u_y=-ay$，其中 $a=1\mathrm{s}^{-1}$。(1) 论证流线方程为 $xy=C$；(2) 绘出 $C=0$、$1\mathrm{m}^2$ 及 $4\mathrm{m}^2$ 的流线；(3) 写出质点加速度的表达式。

解：(1) 二维流动流线的微分方程为：$\dfrac{\mathrm{d}x}{u_x}=\dfrac{\mathrm{d}y}{u_y}$，代入 $u_x=ax$，$u_y=-ay$，可得 $\dfrac{\mathrm{d}x}{x}=-\dfrac{\mathrm{d}y}{y}$，即 $\mathrm{d}(xy)=0$，积分得 $xy=C$。

(2) 流线图如图 3.1 所示。

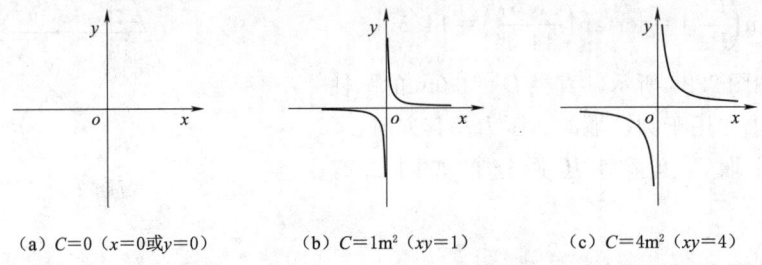

(a) $C=0$（$x=0$ 或 $y=0$）   (b) $C=1\mathrm{m}^2$（$xy=1$）   (c) $C=4\mathrm{m}^2$（$xy=4$）

图 3.1 习题 3.1 流线图

(3) 质点加速度。

$$a_x=\frac{\partial u_x}{\partial t}+u_x\frac{\partial u_x}{\partial x}+u_y\frac{\partial u_x}{\partial y}=0+ax\cdot a+0=x$$

$$a_y=\frac{\partial u_y}{\partial t}+u_x\frac{\partial u_y}{\partial x}+u_y\frac{\partial u_y}{\partial y}=0+0-ay\cdot(-a)=y$$

3.2 试检验下述不可压缩流体的运动是否存在？(1) $u_x=2x^2+y$，$u_y=2y^2+z$，$u_z=-4(x+y)z+xy$；(2) $u_x=yzt$，$u_y=xzt$，$u_z=xyt$。

解：判别不可压缩流体运动是否存在，可依据流速微分表达式是否满足连续性方程进行检验。

(1) $\dfrac{\partial(2x^2+y)}{\partial x}+\dfrac{\partial(2y^2+z)}{\partial y}+\dfrac{\partial[-4(x+y)z+xy]}{\partial z}=4x+4y-4(x+y)=0$，满足连续性方程，运动存在。

(2) $\dfrac{\partial(yzt)}{\partial x}+\dfrac{\partial(xzt)}{\partial y}+\dfrac{\partial(xyt)}{\partial z}=0$，满足连续性方程，运动存在。

3.3 圆管中流速为轴对称分布（图 3.2），$u=\dfrac{u_{\max}}{r_0^2}(r_0^2-r^2)$，$u$ 是距管轴中心为 r 处的流速。若已知 $r_0=0.03\mathrm{m}$，$u_{\max}=0.15\mathrm{m/s}$，求通过圆管的流量 Q 及断面平均流速 v。

解：通过圆管的流量：

$$Q = \int_A u dA = \int_0^{r_0} u 2\pi r dr = \int_0^{r_0} \frac{u_{max}}{r_0^2}(r_0^2 - r^2) 2\pi r dr = \frac{\pi}{2} r_0^2 u_{max} = \frac{\pi}{2} \times 0.03^2 \times 0.15$$
$$= 2.12 \times 10^{-4} (\text{m}^3/\text{s})$$

资源 3.1
习题 3.3
解析

断面平均流速：

$$v = \frac{Q}{A} = \frac{2.12 \times 10^{-4}}{\pi \times 0.03^2} = 0.075 (\text{m/s})$$

3.4 水流从水箱经管径分别为 $d_1 = 10\text{cm}$，$d_2 = 5\text{cm}$，$d_3 = 2.5\text{cm}$ 的管道流出，出口流速 $v_3 = 1\text{m/s}$，如图 3.3 所示。求流量及各管道的断面平均流速。

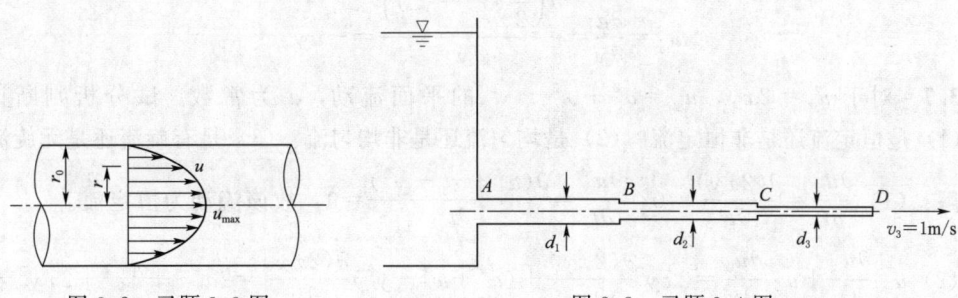

图 3.2 习题 3.3 图　　　　　　图 3.3 习题 3.4 图

解：流量：

$$Q = v_3 A_3 = v_3 \times \frac{\pi}{4} \times d_3^2 = 1 \times \frac{\pi}{4} \times 0.025^2 = 0.49 \times 10^{-3} (\text{m}^3/\text{s})$$

管段 1 断面平均流速：

$$v_1 = Q/A_1 = Q / \left(\frac{\pi}{4} \times d_1^2\right) = 0.49 \times 10^{-3} / \left(\frac{\pi}{4} \times 0.1^2\right) = 0.0625 (\text{m/s})$$

管段 2 断面平均流速：

$$v_1 = Q/A_2 = Q / \left(\frac{\pi}{4} \times d_2^2\right) = 0.49 \times 10^{-3} / \left(\frac{\pi}{4} \times 0.05^2\right) = 0.25 (\text{m/s})$$

3.5 如图 3.4 所示铅直放置的有压管道，已知 $d_1 = 200\text{mm}$，$d_2 = 100\text{mm}$，断面 1—1 处的流速 $v_1 = 1\text{m/s}$。求：(1) 输水流量 Q；(2) 断面 2—2 处的平均流速 v_2；(3) 若此管水平放置，输水流量 Q 及断面 2—2 处的速度 v_2 是否发生变化？(4) 若图 3.4 (a) 中水自下而上流动，Q 及 v_2 是否会发生变化？

解：(1) 输水流量：

$$Q = v_1 A_1 = v_1 \frac{\pi}{4} d_1^2 = 1 \times \frac{\pi}{4} \times 0.2^2$$
$$= 0.0314 (\text{m}^3/\text{s})$$

(2) 断面 2—2 处的平均流速。根据连续性方程 $v_1 A_1 = v_2 A_2$，则

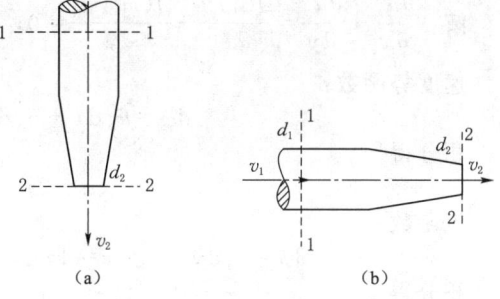

图 3.4 习题 3.5 图

$$v_2 = \frac{v_1 A_1}{A_2} = \frac{v_1 d_1^2}{d_2^2} = \frac{1 \times 0.2^2}{0.1^2} = 4(\text{m/s})$$

(3) 若此管水平放置，输水流量 Q 及断面 2—2 处的速度 v_2 不会发生变化。

(4) 若水自下而上流动，Q 及 v_2 不会发生变化。

3.6 已知某流场的流速势为 $\varphi = \frac{a}{2}(x^2 - y^2)$，$a$ 为常数，试求 u_x 及 u_y。

解：
$$u_x = \frac{\partial \varphi}{\partial x} = \frac{\partial \left(\frac{a}{2}(x^2 - y^2)\right)}{\partial x} = ax$$

$$u_y = \frac{\partial \varphi}{\partial y} = \frac{\partial \left(\frac{a}{2}(x^2 - y^2)\right)}{\partial y} = -ay$$

3.7 对于 $u_x = 2xy$，$u_y = a^2 + x^2 - y^2$ 的平面流动，a 为常数。试分析判断该流动：(1) 是恒定流还是非恒定流？(2) 是均匀流还是非均匀流？(3) 是有旋流还是无旋流？

解：(1) $\frac{\partial u_x}{\partial t} = \frac{\partial (2xy)}{\partial t} = 0$，$\frac{\partial u_y}{\partial t} = \frac{\partial (a^2 + x^2 - y^2)}{\partial t} = 0$，故该流动为恒定流。

(2) $u_x \frac{\partial u_x}{\partial x} + u_y \frac{\partial u_x}{\partial y} = 2xy \frac{\partial (2xy)}{\partial x} + (a^2 + x^2 - y^2) \frac{\partial (2xy)}{\partial y} = 2a^2 x + 2x^3 + 2xy^2 \neq 0$

$u_x \frac{\partial u_y}{\partial x} + u_y \frac{\partial u_y}{\partial y} = 2xy \frac{\partial (a^2 + x^2 - y^2)}{\partial x} + (a^2 + x^2 - y^2) \frac{\partial (a^2 + x^2 - y^2)}{\partial y}$

$= 4xy^2 - 2a^2 y - 2x^2 y + 2y^3 \neq 0$

故该流动为非均匀流。

(3) $\omega_z = \frac{1}{2}\left(\frac{\partial u_y}{\partial x} - \frac{\partial u_x}{\partial y}\right) = \frac{1}{2}\left(\frac{\partial (a^2 + x^2 - y^2)}{\partial x} - \frac{\partial (2xy)}{\partial y}\right) = \frac{1}{2}(2x - 2x) = 0$

故该流动为无旋流。

3.8 已知流速分布为 $u_x = -x$，$u_y = y$，试判别流动是否有势。

解：代入连续性方程，$\frac{\partial u_x}{\partial x} + \frac{\partial u_y}{\partial y} = \frac{\partial (-x)}{\partial x} + \frac{\partial y}{\partial y} = 0$，满足连续性方程，流动存在。

$\omega_z = \frac{1}{2}\left(\frac{\partial u_y}{\partial x} - \frac{\partial u_x}{\partial y}\right) = \frac{1}{2}\left[\frac{\partial (y)}{\partial x} - \frac{\partial (-x)}{\partial y}\right] = 0$，流动为势流。

3.9 已知 $u_x = 4x$，$u_y = -4y$，试求该流动的速度势函数和流函数。

解：$\frac{\partial u_x}{\partial x} + \frac{\partial u_y}{\partial y} = \frac{\partial (4x)}{\partial x} + \frac{\partial (-4y)}{\partial y} = 0$，满足连续性方程，流动存在。

速度势函数：
$$d\varphi = u_x dx + u_y dy = 4x dx - 4y dy$$

积分得
$$\varphi = 2x^2 - 2y^2 + C$$

流函数：
$$d\psi = u_x dy - u_y dx = 4x dy - (-4y) dx = 4x dy + 4y dx$$

积分得
$$\psi = 4xy + C$$

第4章 流体动力学

4.1 如图4.1所示,在一管路上测得过流断面1—1的测压管高度$\frac{p_1}{\rho g}$为1.5m,过流面积$A_1=0.05\text{m}^2$;过流断面2—2的面积$A_2=0.02\text{m}^2$;两断面间水头损失$h_w=0.5\frac{v_1^2}{2g}$;管中流量$Q=20\text{L/s}$,$z_1=2.5\text{m}$,$z_2=2.0\text{m}$。求断面2—2的测压管高度$\frac{p_2}{\rho g}$(提示:注意流动方向)。

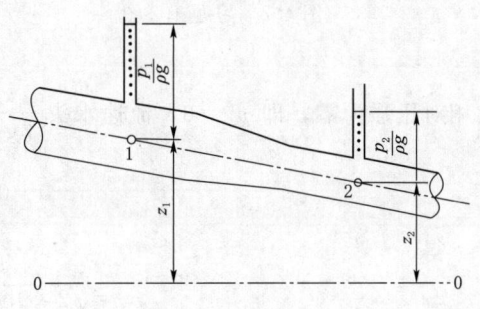

图4.1 习题4.1图

解:首先,计算出断面1—1和断面2—2的断面平均流速:

$$v_1=\frac{Q}{A_1}=\frac{0.02}{0.05}=0.4(\text{m/s}), \quad v_2=\frac{Q}{A_2}=\frac{0.02}{0.02}=1.0(\text{m/s})$$

(1) 若水流从断面1—1流向断面2—2。

以0—0为基准面,列断面1—1和断面2—2间总流能量方程:

$$z_1+\frac{p_1}{\rho g}+\frac{\alpha_1 v_1^2}{2g}=z_2+\frac{p_2}{\rho g}+\frac{\alpha_2 v_2^2}{2g}+h_w$$

令$\alpha_1=\alpha_2=1.0$

$$2.5+1.5+\frac{0.4^2}{2g}=2.0+\frac{p_2}{\rho g}+\frac{1^2}{2g}+0.5\times\frac{0.4^2}{2g}$$

$$\frac{p_2}{\rho g}=1.945(\text{m})$$

(2) 若水流从断面2—2流向断面1—1。

以0—0为基准面,列断面2—2和断面1—1间总流能量方程:

$$z_2+\frac{p_2}{\rho g}+\frac{\alpha_2 v_2^2}{2g}=z_1+\frac{p_1}{\rho g}+\frac{\alpha_1 v_1^2}{2g}+h_w$$

$$2.0+\frac{p_2}{\rho g}+\frac{1^2}{2g}=2.5+1.5+\frac{0.4^2}{2g}+0.5\times\frac{0.4^2}{2g}$$

$$\frac{p_2}{\rho g}=1.961(\text{m})$$

4.2 如图4.2所示,从水面保持恒定不变的水池中引出一管路,水流在管路末端流入大气,管路由三段直径不等的管道组成,其过水面积分别是$A_1=0.05\text{m}^2$,$A_2=0.03\text{m}^3$,$A_3=0.04\text{m}^2$。水池容积很大,行近流速可以忽略($v_0\approx 0$)。不计管路的水头损失。(1) 求出口流速 v_3 及流量 Q；(2) 绘出管路的测压管水头线及总水头线。

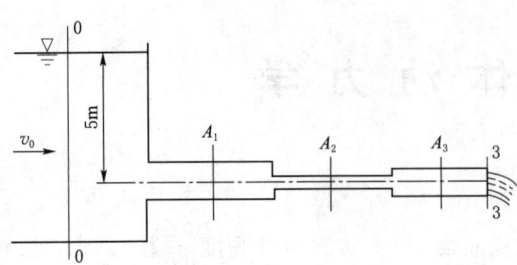

图 4.2　习题 4.2 图

解：(1) 以管路中心为基准面，列出断面 0—0 和断面 3—3 间的总流能量方程：

$$z_0+\frac{p_0}{\rho g}+\frac{\alpha_0 v_0^2}{2g}=z_3+\frac{p_3}{\rho g}+\frac{\alpha_3 v_3^2}{2g}+h_w$$

因为渐变流断面上各点的 $\left(z+\dfrac{p}{\rho g}\right)$ 等于常数，可选断面上任一点来计算。为便于计算，断面 0—0 选水面上一点，该点相对压强为零，即 $p_0=0$，流速水头 $\dfrac{\alpha_0 v_0^2}{2g}\approx 0$；又忽略 h_w，即

$$5+0+0=0+0+\frac{v_3^2}{2g}$$

得

$$v_3=\sqrt{2\times 9.8\times 5}=9.9(\text{m/s})$$

流量：

$$Q=v_3 A_3=9.9\times 0.04=0.4(\text{m}^3/\text{s})$$

(2) 根据连续性方程：

$$v_1=\frac{Q}{A_1}=\frac{0.4}{0.05}=8(\text{m/s}),\quad \frac{v_1^2}{2g}=\frac{8^2}{2\times 9.8}=3.2(\text{m})$$

$$v_2=\frac{Q}{A_2}=\frac{0.4}{0.03}=13.3(\text{m/s}),\quad \frac{v_2^2}{2g}=\frac{13.3^2}{2\times 9.8}=9.0(\text{m})$$

由于不计管路的水头损失，总水头沿程不变，则

$$H_0=H_1=z_1+\frac{p_1}{\rho g}+\frac{v_1^2}{2g}=5(\text{m}),\quad H_2=H_3=H_1=5(\text{m})$$

各断面测压管水头：$H_{P1}=H_1-\dfrac{v_1^2}{2g}=5-3.2=1.8(\text{m})$

$$H_{P2}=H_2-\frac{v_2^2}{2g}=5-9=-4(\text{m})$$

$$H_{P3}=0$$

资源 4.1
习题 4.2
解析

管路总水头线和测压管水头线如图 4.3 所示。

4.3　在水塔引出的水管末端连接一个消防喷水枪，将水枪置于和水塔液面高差 $H=10\text{m}$ 的地方，如图 4.4 所示。若水管及喷水枪系统的水头损失为 3m，试问喷水枪所喷出的水最高能达到的高度 h 为多少（不计在空气中的能量损失）？

解：以喷水枪出口断面 0—0 为基准面，列出断面 1—1 和断面 2—2 间的总流能量方程：

$$z_1+\frac{p_1}{\rho g}+\frac{\alpha_1 v_1^2}{2g}=z_2+\frac{p_2}{\rho g}+\frac{\alpha_2 v_2^2}{2g}+h_w$$

喷水枪所喷出的水达到最高时 $v_2=0$，即

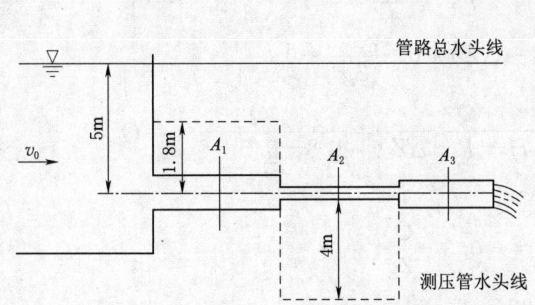

图 4.3 习题 4.2 管路总水头线和测压管水头线图

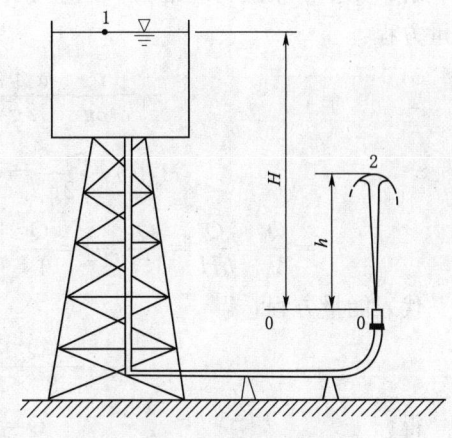

图 4.4 习题 4.3 图

$$H+0+0=h+0+0+3$$

得 $h=7\text{m}$

4.4 如图 4.5 所示的一管路，A、B 两点的高差 $\Delta z=1\text{m}$，点 A 处直径 $d_A=0.25\text{m}$，压强 $p_A=7.84\text{N/cm}^2$，点 B 处直径 $d_B=0.5\text{m}$，压强 $p_B=4.9\text{N/cm}^2$，断面平均流速 $v_B=1.2\text{m/s}$。判断管中水流方向。

解： 由连续性方程 $v_1A_1=v_2A_2$，可得

$$v_A=v_1=\frac{A_2}{A_1}v_2=\left(\frac{d_2}{d_1}\right)^2 v_2=\left(\frac{0.50}{0.25}\right)^2 v_2=4v_B=4.8(\text{m/s})$$

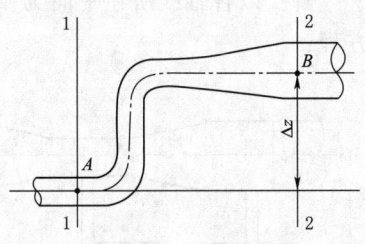

图 4.5 习题 4.4 图

以 A 点所在水平面为基准面，分别计算两断面的总能量。

$$H_1=z_1+\frac{p_1}{\rho g}+\frac{\alpha_1 v_1^2}{2g}=0+\frac{7.84\times10^4}{10^3\times9.8}+\frac{4.8^2}{2\times9.8}=9.18(\text{m})$$

$$H_2=z_2+\frac{p_2}{\rho g}+\frac{\alpha_1 v_2^2}{2g}=1+\frac{4.9\times10^4}{10^3\times9.8}+\frac{1.2^2}{2\times9.8}=6.07(\text{m})$$

因 $H_1>H_2$，管中水流从 A 流向 B。

4.5 如图 4.6 所示平底渠道，断面为矩形，宽 $b=1\text{m}$，渠底坎高 $P=0.5\text{m}$，坎前渐变流断面处水深 $H=1.8\text{m}$，坎后水面跌落 $\Delta Z=0.3\text{m}$，坎顶水流为渐变流，忽略水头损失，求渠中流量 Q。

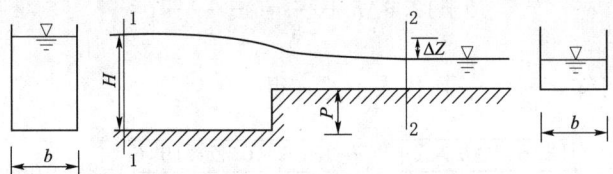

图 4.6 习题 4.5 图

解： 以上游渠底为基准面，列上游渐变流断面 1—1 和坝顶渐变流断面 2—2 间的总流能量方程：

$$z_1+\frac{p_1}{\rho g}+\frac{\alpha_1 v_1^2}{2g}=z_2+\frac{p_2}{\rho g}+\frac{\alpha_2 v_2^2}{2g}+h_w$$

$$H+0+\frac{\alpha_1 v_1^2}{2g}=(H-\Delta Z)+0+\frac{\alpha_2 v_2^2}{2g}+0$$

$$v_1=\frac{Q}{A_1}=\frac{Q}{bH}=\frac{Q}{1.8}, v_2=\frac{Q}{A_2}=\frac{Q}{b(H-P-\Delta Z)}=\frac{Q}{1.8-0.5-0.3}=Q$$

代入能量方程，得

$$\frac{Q^2}{1.8^2\times 2g}=-0.3+\frac{Q^2}{2g}$$

得 $Q=2.92(\text{m}^3/\text{s})$

4.6 如图 4.7 所示，在水平安装的文丘里流量计上，直接用水银压差计测出水管与喉部压差 $\Delta h=20\text{cm}$，已知水管直径 $d_1=15\text{cm}$，喉部直径 $d_2=10\text{cm}$，当不计水头损失时，求通过流量 Q。

解： 以管轴线所在平面为基准面，列图 4.8 中断面 1—1 和断面 2—2 间的总流能量方程：

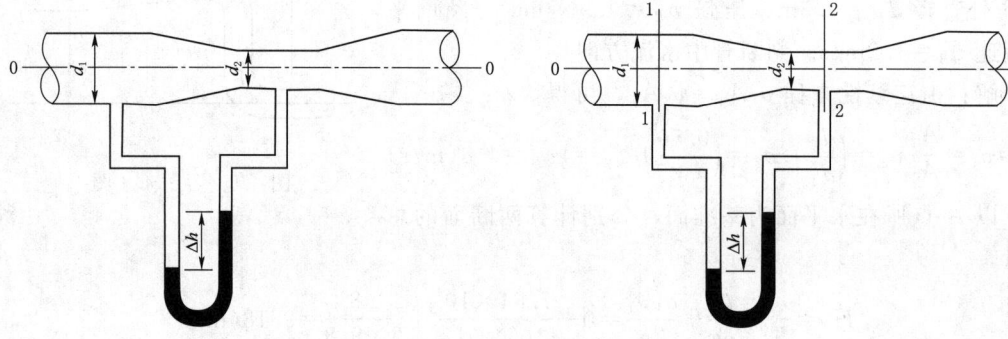

图 4.7 习题 4.6 图　　　　图 4.8 习题 4.6 基准面和渐变流断面图

$$z_1+\frac{p_1}{\rho g}+\frac{\alpha_1 v_1^2}{2g}=z_2+\frac{p_2}{\rho g}+\frac{\alpha_2 v_2^2}{2g}+h_w$$

其中，两断面间压强水头差值：

$$\frac{p_1-p_2}{\rho g}=\frac{\rho_{\text{Hg}}-\rho}{\rho}\Delta h=12.6\Delta h$$

故

$$0+12.6\Delta h+\frac{v_1^2}{2g}=0+\frac{v_2^2}{2g}+0$$

由连续性方程可知，$\dfrac{v_1}{v_2}=\dfrac{d_2^2}{d_1^2}$，代入上式，得

$$v_1=\sqrt{\frac{12.6\times\Delta h\times 2g}{\dfrac{d_1^4}{d_2^4}-1}}=\sqrt{\frac{12.6\times 0.2\times 19.6}{\dfrac{15^4}{10^4}-1}}=3.49(\text{m/s})$$

通过流量为

$$Q = v_1 A_1 = 3.49 \times \frac{1}{4} \times \pi \times 0.15^2 = 0.062 (\text{m}^3/\text{s})$$

4.7 为将水库中水引至堤外灌溉，安装了一根直径 $d=15\text{cm}$ 的虹吸管，如图 4.9 所示。当不计水头损失时，问通过虹吸管的流量 Q 为多少？在虹吸管顶部 s 点处的压强为多少？

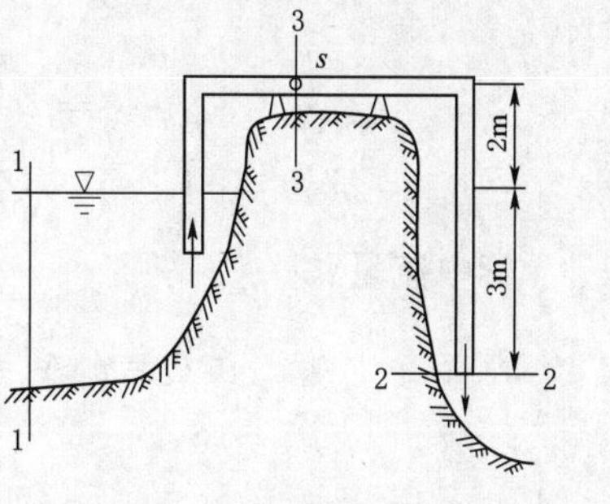

解：(1) 选择水库上游远离虹吸管入口的竖直断面为渐变流断面 1—1，虹吸管出口为断面 2—2，以断面 2—2 为基准面，列断面 1—1 和断面 2—2 间的总流能量方程：

$$z_1 + \frac{p_1}{\rho g} + \frac{\alpha_1 v_1^2}{2g} = z_2 + \frac{p_2}{\rho g} + \frac{\alpha_2 v_2^2}{2g} + h_w$$

图 4.9 习题 4.7 图

由题意，

$$3 + 0 + 0 = 0 + 0 + \frac{v_2^2}{2g} + 0$$

得

$$v_2 = \sqrt{2g \times 3} = 7.67 (\text{m/s})$$

$$Q = v_2 A_2 = 7.67 \times \frac{1}{4} \times \pi \times 0.15^2 = 0.135 \ (\text{m}^3/\text{s})$$

(2) 以 s 点所在管轴线平面为断面 3—3，以断面 2—2 为基准面，列断面 3—3 和断面 2—2 的能量方程：

$$z_3 + \frac{p_3}{\rho g} + \frac{\alpha_3 v_3^2}{2g} = z_2 + \frac{p_2}{\rho g} + \frac{\alpha_2 v_2^2}{2g} + h_w$$

由题意，

$$v_3 = v_2, \ 5 + \frac{p_3}{\rho g} = 0$$

则虹吸管顶端 s 点压强为

$$p_3 = -5\rho g = -49 (\text{kPa})$$

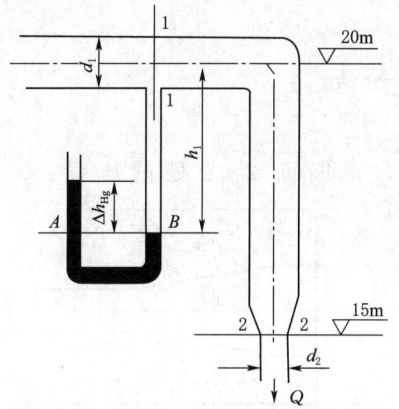

图 4.10 习题 4.8 图

4.8 水流通过如图 4.10 所示管路流入大气，已知：U 形测压管中水银柱高差 $\Delta h_{\text{Hg}} = 0.2\text{m}$，$h_1 = 0.72\text{mH}_2\text{O}$，管径 $d_1 = 0.1\text{m}$，管嘴出口直径 $d_2 = 0.05\text{m}$，不计管中水头损失。求管中流量 Q。

解：以断面 2—2 为基准面，列断面 1—1 和断面 2—2 间的总流能量方程：

$$z_1 + \frac{p_1}{\rho g} + \frac{\alpha_1 v_1^2}{2g} = z_2 + \frac{p_2}{\rho g} + \frac{\alpha_2 v_2^2}{2g} + h_w$$

渐变流断面 1—1 的动水压强水头：

$$\frac{p_1}{\rho g} = \frac{\rho_{\text{Hg}}}{\rho} \Delta h_{\text{Hg}} - h_1 = 13.6 \times 0.2 - 0.72 = 2 (\text{m})$$

代入能量方程，得

$$20+2+\frac{v_1^2}{2g}=15+0+\frac{v_2^2}{2g}+0$$

由连续性方程可知，$\frac{v_1}{v_2}=\frac{d_2^2}{d_1^2}$，代入上式，得

$$v_1=\sqrt{\frac{7\times 2g}{\frac{d_1^4}{d_2^4}-1}}=\sqrt{\frac{7\times 19.6}{\frac{0.1^4}{0.05^4}-1}}=3.02(\text{m/s})$$

管中流量：

$$Q=v_1 A_1=3.02\times\frac{1}{4}\times\pi\times 0.1^2=0.024(\text{m}^3/\text{s})$$

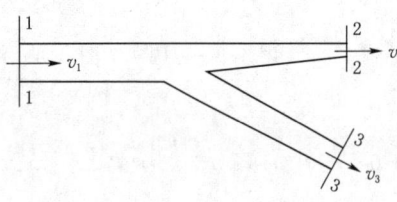

图 4.11 习题 4.9 图

4.9 如图 4.11 所示分叉管路，已知断面 1—1 处的过水断面积 $A_1=0.1\text{m}^2$，高程 $z_1=75\text{m}$，流速 $v_1=3\text{m/s}$，压强 $p_1=98\text{kN/m}^2$；断面 2—2 处 $A_2=0.05\text{m}^2$，$z_2=72\text{m}$；断面 3—3 处 $A_3=0.08\text{m}^2$，$z_3=60\text{m}$，$p_3=196\text{kN/m}^2$；断面 1—1 至断面 2—2 和断面 3—3 处的水头损失分别为 3m 和 5m。试求：(1) 断面 2—2 和断面 3—3 处的流速 v_2 和 v_3；(2) 断面 2—2 处的压强 p_2。

解：(1) 列断面 1—1 和断面 3—3 间的总流能量方程：

$$z_1+\frac{p_1}{\rho g}+\frac{\alpha_1 v_1^2}{2g}=z_3+\frac{p_3}{\rho g}+\frac{\alpha_3 v_3^2}{2g}+h_{w1-3}$$

由题意，$75+\frac{98}{g}+\frac{3^2}{2g}=60+\frac{196}{g}+\frac{v_3^2}{2g}+5$，得流速 $v_3=3\text{m/s}$。

由连续性方程可知，$Q_1=Q_2+Q_3$，即 $A_1 v_1=A_2 v_2+A_3 v_3$

由题意，流速 $v_2=\frac{A_1 v_1-A_3 v_3}{A_2}=\frac{0.1\times 3-0.08\times 3}{0.05}=1.2(\text{m/s})$

(2) 列断面 1—1 和断面 2—2 间的总流能量方程：

$$z_1+\frac{p_1}{\rho g}+\frac{\alpha_1 v_1^2}{2g}=z_2+\frac{p_2}{\rho g}+\frac{\alpha_2 v_2^2}{2g}+h_{w1-2}$$

由题意，$75+\frac{98}{g}+\frac{3^2}{2g}=72+\frac{p_2}{\rho g}+\frac{1.2^2}{2g}+3$，得断面 2—2 处的压强 $p_2=101.78\text{kN/m}^2$。

4.10 图 4.12 所示为嵌入支座内的一段输水管。管径 $d_1=1.5\text{m}$，$d_2=1\text{m}$，支座前断面的相对压强 $p_1=400\text{kN/m}^2$，管中通过流量 $Q=1.8\text{m}^3/\text{s}$。若不计水头损失，试求支座所受的轴向力。

解：(1) 断面 2—2 处的相对压强。

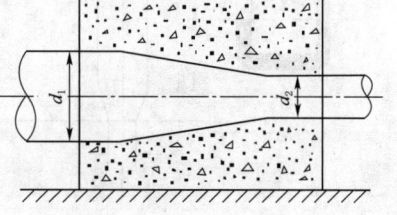

图 4.12 习题 4.10 图

断面1—1平均流速：$v_1 = \dfrac{Q}{A_1} = \dfrac{1.8}{\pi d_1^2/4} = \dfrac{1.8}{3.14\times 1.5^2/4} = 1.02\text{(m/s)}$

断面2—2平均流速：$v_2 = \dfrac{Q}{A_2} = \dfrac{1.8}{\pi d_2^2/4} = \dfrac{1.8}{3.14\times 1^2/4} = 2.29\text{(m/s)}$

以输水管的中轴线所在平面0—0为基准面，列断面1—1和断面2—2间的总流能量方程：

$$z_1 + \dfrac{p_1}{\rho g} + \dfrac{\alpha_1 v_1^2}{2g} = z_2 + \dfrac{p_2}{\rho g} + \dfrac{\alpha_2 v_2^2}{2g} + h_w$$

即 $0 + \dfrac{400}{g} + \dfrac{1.02^2}{2g} = 0 + \dfrac{p_2}{\rho g} + \dfrac{2.29^2}{2g} + 0$

则断面2—2处的相对压强 $p_2 = 397.9\text{kN/m}^2$。

（2）分析作用在隔离体上的外力。

围取隔离体，建立坐标系，如图4.13所示。假设支座对水体的反作用力 R_x，方向向左。

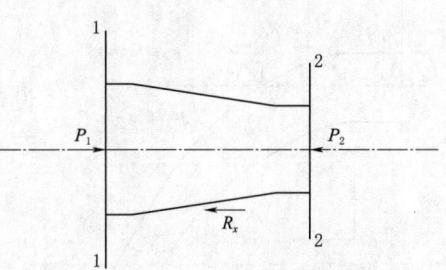

图4.13 习题4.10隔离体图

断面1—1动水压力：

$$P_1 = p_1 A_1 = 400 \times \dfrac{1}{4} \times \pi \times 1.5^2 = 706.5\text{(kN)}，\text{方向向右}$$

断面2—2动水压力：

$$P_2 = p_2 A_2 = 397.9 \times \dfrac{1}{4} \times \pi \times 1^2 = 312.4\text{(kN)}，\text{方向向左}$$

（3）列动量方程。

$$\rho Q(\beta_2 \vec{v}_2 - \beta_1 \vec{v}_1) = P_1 - R_x - P_2$$

即 $1.8\times(2.29 - 1.02) = 706.5 - R_x - 312.4$

则 $R_x = 391.8\text{kN}$，方向向左

（4）故支座所受轴向力与 R_x 大小相等、方向相反，即391.8kN，方向水平向右。

4.11 如图4.14所示，水流由直径 $d_A = 20\text{cm}$ 的 A 管经一渐缩的弯管流入直径 $d_B = 15\text{cm}$ 的 B 管，管轴中心线在同一水平面内，A 管与 B 管之间的夹角 $\theta = 60°$。已知通过的流量 $Q = 0.1\text{m}^3/\text{s}$，$A$ 端中心处相对压强 $p_A = 120\text{kN/m}^2$，若不计水头损失，求水流对弯管的作用力。

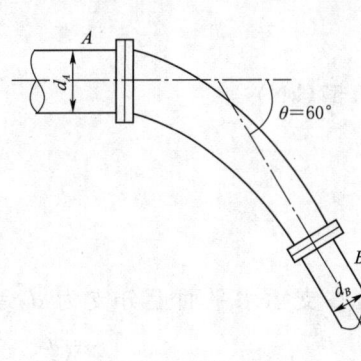

图4.14 习题4.11图

解：（1）管中的流速。

由连续性方程可知：$Q_A = Q_B = Q$，即 $A_A v_A = A_B v_B$，则

$$v_A = \dfrac{Q}{A_A} = \dfrac{0.1}{\pi d_A^2/4} = \dfrac{0.1}{3.14\times 0.2^2/4} = 3.18\text{(m/s)}$$

$$v_B = \dfrac{Q}{A_B} = \dfrac{0.1}{\pi d_B^2/4} = \dfrac{0.1}{3.14\times 0.15^2/4} = 5.66\text{(m/s)}$$

(2) B 端中心处相对压强。

列断面 A 和断面 B 间的总流能量方程：

$$z_A + \frac{p_A}{\rho g} + \frac{\alpha v_A^2}{2g} = z_B + \frac{p_B}{\rho g} + \frac{\alpha v_B^2}{2g} + h_w$$

由题意，$0 + \frac{120}{g} + \frac{3.18^2}{2g} = 0 + \frac{p_B}{\rho g} + \frac{5.66^2}{2g} + 0$，得 $p_B = 109.0 \text{kN/m}^2$。

(3) 分析作用在隔离体上的外力。

围取隔离体，建立坐标系，如图 4.15 所示。假设弯管对水流的反作用力 R，其分力分别为 R_x（向左）和 R_y（向下）。

两断面的动水压力：

$$P_A = p_A \frac{\pi d_A^2}{4} = 120 \times \frac{3.14 \times 0.2^2}{4} = 3.768 (\text{kN}), 方向向右$$

$$P_B = p_B \frac{\pi d_B^2}{4} = 109 \times \frac{3.14 \times 0.15^2}{4} = 1.925 (\text{kN}),$$

方向斜向上（与水平夹角 $60°$）

因弯管的轴线位于水平面，重力不予考虑。

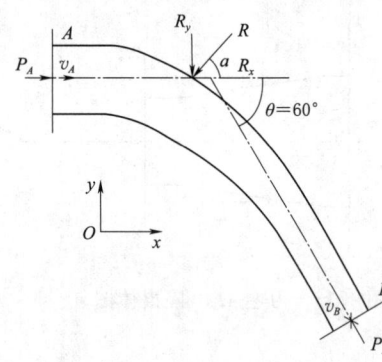

图 4.15 习题 4.11 隔离体图

(4) 列动量方程。

x 方向：$\rho Q(\beta v_B \cos\theta - \beta v_A) = P_A - R_x - P_B \cos\theta$

由题意，$0.1 \times (5.66 \times \cos60° - 3.18) = 3.768 - R_x - 1.925 \times \cos60°$

则 $R_x = 2.84 \text{kN}$，方向向左

y 方向：$\rho Q(\beta v_B \sin\theta - 0) = P_B \sin\theta - R_y$

由题意，$0.1 \times (-5.66 \times \sin60° - 0) = 1.925 \times \sin60° - R_y$

则 $R_y = 2.16 \text{kN}$，方向向下

管壁对水流的总作用力为

$$R = \sqrt{R_x^2 + R_y^2} = \sqrt{2.84^2 + 2.16^2} = 3.57 (\text{kN})$$

作用力 R 与 x 轴的夹角：

$$\alpha = \arctan\left(\frac{R_y}{R_x}\right) = 37.23°$$

(5) 水流对管壁的作用力与 R 大小相等，方向相反。

4.12 如图 4.16 所示，直径为 $d_1 = 700 \text{mm}$ 的管道在支承水平面上分支为 $d_2 = 500 \text{mm}$ 的两支管，断面 A—A 压强为 70kN/m^2，管道流量 $Q = 0.6 \text{m}^3/\text{s}$，两支管流量相等。不考虑螺栓连接的作用。(1) 不计水头损失，求支墩所受水平推力。(2) 水头损失为支管流速水头的 5 倍，求支墩所受水平推力。

解：(1) 主管和支管流速。断面 A—A 平均流速为

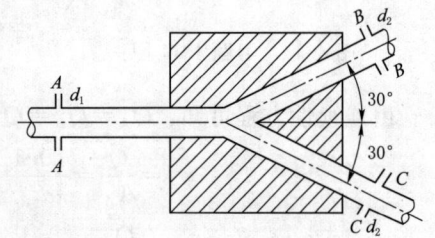

图 4.16 习题 4.12 图

$$v_1 = \frac{Q}{A_1} = \frac{0.6}{\pi d_1^2/4} = \frac{0.6}{3.14 \times 0.7^2/4} = 1.56 (\text{m/s})$$

由连续性方程，$Q_A = Q = Q_B + Q_C = 2Q_B$，$Q_B = Q_C = \frac{Q}{2} = 0.3 (\text{m}^3/\text{s})$，得断面 B—B 和断面 C—C 平均流速为

$$v_B = v_C = \frac{Q_B}{A_B} = \frac{0.3}{\pi d_2^2/4} = \frac{0.3}{3.14 \times 0.5^2/4} = 1.53 (\text{m/s})$$

（2）支管断面 B—B 和断面 C—C 相对压强。

以输水管的中轴线所在平面为 0—0 基准面，列断面 A—A 和断面 B—B 间的总流能量方程：

$$z_A + \frac{p_A}{\rho g} + \frac{\alpha v_A^2}{2g} = z_B + \frac{p_B}{\rho g} + \frac{\alpha v_B^2}{2g} + h_{wA-B}$$

1) 当不计管路水头损失时：

$$0 + \frac{70}{g} + \frac{1.56^2}{2g} = 0 + \frac{p_B}{\rho g} + \frac{1.53^2}{2g} + 0$$

支管压强 $p_B = 70.05 \text{kN/m}^2$，同理 $p_C = 70.05 \text{kN/m}^2$。

2) 当水头损失为支管流速水头的 5 倍时：

$$0 + \frac{70}{g} + \frac{1.56^2}{2g} = 0 + \frac{p_B}{\rho g} + \frac{1.53^2}{2g} + 5 \times \frac{1.53^2}{2g}$$

支管压强 $p_B = 64.19 \text{kN/m}^2$，同理 $p_C = 64.19 \text{kN/m}^2$。

（3）分析作用在隔离体上的外力。

围取隔离体，建立坐标系，如图 4.17 所示。假设支墩对水流的反作用力 R，方向向左。

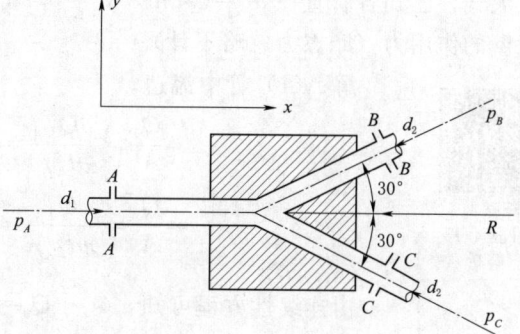

图 4.17 习题 4.12 隔离体图

各断面的动水压力为

$$P_A = p_A \frac{\pi d_A^2}{4} = 70 \times \frac{3.14 \times 0.7^2}{4} = 26.93 (\text{kN})，方向向右$$

1) 当不计管路水头损失时：

$$P_B = p_B \frac{\pi d_B^2}{4} = 70.05 \times \frac{3.14 \times 0.5^2}{4} = 13.75 (\text{kN})，方向倾斜向左，与水平夹角 30°$$

$$P_C = P_B$$

2) 当水头损失为支管流速水头的 5 倍时：

$$P_B = p_B \frac{\pi d_B^2}{4} = 64.19 \times \frac{3.14 \times 0.5^2}{4} = 12.60 (\text{kN})，方向倾斜向左，与水平夹角 30°$$

$$P_C = P_B$$

（4）列水平方向动量方程。

$$\rho Q_B \beta v_B \cos\theta + \rho Q_C \beta v_C \cos\theta - \rho Q_A \beta v_A = P_A - R - P_B \cos\theta - P_C \cos\theta$$

简化得

$$2\rho Q_B \beta v_B \cos\theta - \rho Q_A \beta v_A = P_A - R - 2P_B \cos\theta$$

1) 当不计管路水头损失时：

$$2 \times 0.3 \times 1.53 \times \cos30° - 0.6 \times 1.56 = 26.93 - R - 2 \times 13.75 \times \cos30°, 得$$

$$R = 3.255 \text{kN}, 方向向左$$

2) 当水头损失为支管流速水头的 5 倍时：

$$2 \times 0.3 \times 1.53 \times \cos30° - 0.6 \times 1.56 = 26.93 - R - 2 \times 12.6 \times \cos30°, 得$$

$$R = 5.247 \text{kN}, 方向向左$$

(5) 支墩所受水平推力与 R 大小相等，方向相反。不计管路水头损失时，为 3.255kN，方向水平向右；当水头损失为支管流速水头的 5 倍时，为 5.247kN，方向水平向右。

4.13 如图 4.18 所示，一四通叉管，其轴线均位于同一水平面，两端输入流量 $Q_1 = 0.2 \text{m}^3/\text{s}$，$Q_3 = 0.1 \text{m}^3/\text{s}$，相应断面动水压强 $p_1 = 20 \text{kPa}$，$p_3 = 15 \text{kPa}$，两侧叉管直接流入大气，已知各管直径 $d_1 = 0.3 \text{m}$，$d_3 = 0.2 \text{m}$，$d_2 = 0.15 \text{m}$，$\theta = 30°$。试求交叉处水流对管壁的作用力（摩擦力忽略不计）。

资源 4.2
习题 4.13
解析

解：（1）管中流速。

$$v_1 = \frac{Q_1}{A_1} = \frac{Q_1}{\pi d_1^2 /4} = \frac{0.2}{3.14 \times 0.3^2 /4} = 2.83 (\text{m/s})$$

$$v_3 = \frac{Q_3}{A_3} = \frac{Q_3}{\pi d_3^2 /4} = \frac{0.1}{3.14 \times 0.2^2 /4} = 3.18 (\text{m/s})$$

由连续性方程可知，$Q_1 + Q_3 = 2Q_2$，$Q_2 = \frac{0.2 + 0.1}{2} = 0.15 (\text{m}^3/\text{s})$

$$v_2 = v_4 = \frac{Q_2}{A_2} = \frac{Q_2}{\pi d_2^2 /4} = \frac{0.15}{3.14 \times 0.15^2 /4} = 8.49 (\text{m/s})$$

(2) 分析作用在隔离体上的外力。

围取隔离体，建立坐标系，如图 4.19 所示。假设管壁对水流的反作用力 R，其水平分力 R_x（方向向左）和垂向分力 R_y（方向向下）。

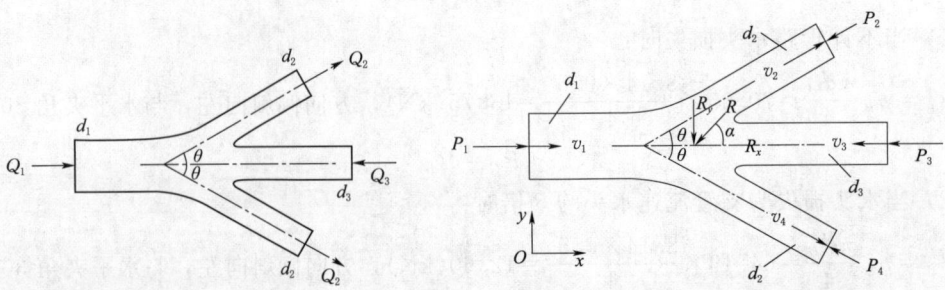

图 4.18 习题 4.13 图 　　　　图 4.19 习题 4.13 隔离体图

各断面的动水压力：

$$P_1 = p_1 \frac{\pi d_1^2}{4} = 20 \times \frac{3.14 \times 0.3^2}{4} = 1.413 (\text{kN})$$

$$P_3 = p_3 \frac{\pi d_3^2}{4} = 15 \times \frac{3.14 \times 0.2^2}{4} = 0.471 (\text{kN})$$

由于两侧叉管水流直接流入大气，故 $P_2 = P_4 = 0$。

因叉管轴线位于水平面内，重力不予考虑。

（3）列动量方程。

x 方向：$\rho Q_2 \beta_2 v_2 \cos\theta + \rho Q_4 \beta_4 v_4 \cos\theta - (\rho Q_1 \beta_1 v_1 - \rho Q_3 \beta_3 v_3) = P_1 - P_3 - R_x$

$\quad 0.15 \times 8.49 \times \cos 30° \times 2 - (0.2 \times 2.83 - 0.1 \times 3.18) = 1.413 - 0.471 - R_x$

得，$R_x = -1.02 \text{kN}$，方向向右。

y 方向：$\qquad R_y = \rho Q_2 \beta_2 v_2 \sin\theta - \rho Q_4 \beta_4 v_4 \sin\theta = 0$

管壁对水流的总作用力 $R = R_x = 1.02 \text{kN}$，方向向右。

（4）交叉处水流对管壁的作用力与 R 的大小相等，为 1.02kN，方向向左。

4.14 如图 4.20 所示，一平板闸门宽 $b = 2\text{m}$，当通过流量 $Q = 8 \text{m}^3/\text{s}$ 时闸前水深 $h = 4\text{m}$，闸孔后收缩断面水深 $h_c = 0.5\text{m}$。求作用于平板闸门上的动水总压力（不计摩擦力）。

解：（1）平均流速。

闸前断面 1—1 平均流速：

$$v_1 = \frac{Q}{A_1} = \frac{Q}{bh} = \frac{8}{2 \times 4} = 1 (\text{m/s})$$

收缩断面 c—c 平均流速：

$$v_c = \frac{Q}{A_c} = \frac{Q}{bh_c} = \frac{8}{2 \times 0.5} = 8 (\text{m/s})$$

（2）分析作用在隔离体上的外力。

围取隔离体，建立坐标系，如图 4.21 所示。假设闸门对水流的反作用力 R，水平向左。

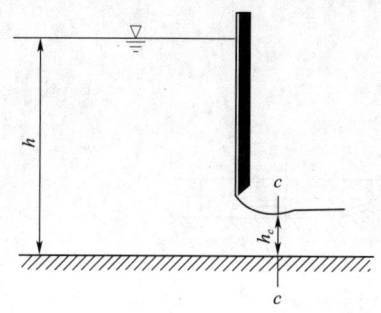
图 4.20 习题 4.14 图

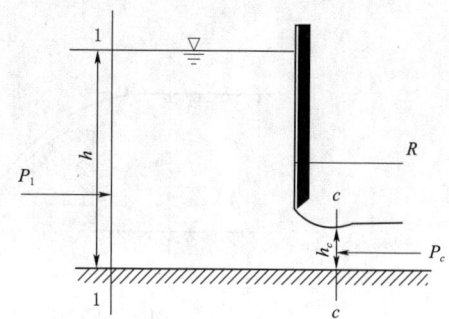
图 4.21 习题 4.14 隔离体图

闸前断面 1—1 的动水压力：

$$P_1 = \frac{1}{2}\rho g h^2 b = \frac{1}{2} \times 1000 \times 9.8 \times 4^2 \times 2 = 156.8 \text{(kN)}$$

收缩断面 $c—c$ 的动水压力：

$$P_c = \frac{1}{2}\rho g h_c^2 b = \frac{1}{2} \times 1000 \times 9.8 \times 0.5^2 \times 2 = 2.45 \text{(kN)}$$

（3）列水流方向动量方程。

$$\rho Q(\beta_c \vec{v}_c - \beta_1 \vec{v}_1) = P_1 - R_x - P_c$$

$$1 \times 8 \times (8-1) = 156.8 - R_x - 2.45$$

得，$R = 98.35 \text{kN}$，方向向左。

（4）作用于平板闸门上的动水总压力与 R 大小相等，为 98.35kN，方向向右。

4.15 如图 4.22 所示溢流坝，上游断面水深 $h_1 = 1.5\text{m}$，下游断面水深 $h_2 = 0.6\text{m}$，略去水头损失；求水流对 2m 坝宽（垂直纸面）的水平作用力（注：上、下游河床为平底，河床摩擦力不计，为方便计算取 $\rho = 1000\text{kg/m}^3$，$g = 10\text{m/s}^2$）。

资源 4.3
习题 4.15
解析

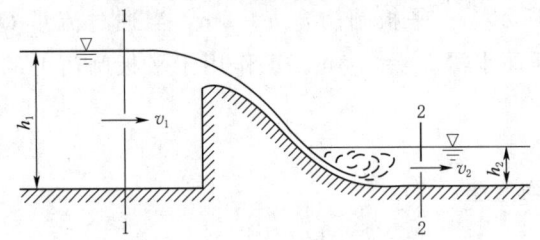

图 4.22 习题 4.15 图

解：（1）溢流坝过流流量和上、下游流速。

以河床底面为 0—0 基准面，列上游断面 1—1 和下游断面 2—2 间的总流能量方程：

$$z_1 + \frac{p_1}{\rho g} + \frac{\alpha_1 v_1^2}{2g} = z_2 + \frac{p_2}{\rho g} + \frac{\alpha_2 v_2^2}{2g} + h_w$$

$$1.5 + 0 + \frac{\alpha_1 v_1^2}{2g} = 0.6 + 0 + \frac{\alpha_2 v_2^2}{2g} + 0$$

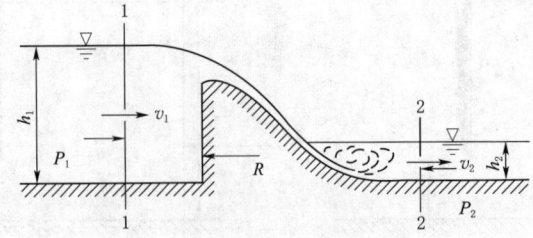

图 4.23 习题 4.15 隔离体图

由连续性方程，可知，$\dfrac{v_1}{v_2} = \dfrac{A_2}{A_1} = \dfrac{0.6}{1.5} = 0.4$，代入上式，得

$$v_1=\sqrt{\frac{0.9\times 2g}{6.25-1}}=\sqrt{3.36}=1.83(\text{m/s})$$

$$v_2=4.58\text{m/s}$$

$$Q=v_1A_1=1.83\times 2\times 1.5=5.49(\text{m}^3/\text{s})$$

（2）分析作用在隔离体上的外力。

围取隔离体，建立坐标系，如图 4.23 所示。假设溢流坝对水流的反作用力 R，水平向左。

上游断面 1—1 的动水压力：

$$P_1=\frac{1}{2}\rho g h_1^2 b=\frac{1}{2}\times 1000\times 9.8\times 1.5^2\times 2=22.05(\text{kN})$$

下游断面 2—2 的动水压力：

$$P_2=\frac{1}{2}\rho g h_2^2 b=\frac{1}{2}\times 1000\times 9.8\times 0.6^2\times 2=3.528(\text{kN})$$

（3）列水流方向动量方程。

$$\rho Q(\beta_2 \vec{v}_2-\beta_1 \vec{v}_1)=P_1-R-P_2$$

$$5.49\times(4.58-1.83)=22.05-R-3.528$$

得，$R=3.42\text{kN}$，方向向左。

（4）作用于溢流坝上的水平作用力与 R 大小相等，为 3.42kN，方向向右。

4.16 如图 4.24 所示为闸下底板上的消力墩，已知：跃前水深 $h_1=0.6$m，流速 $v_1=15$m/s，跃后水深 $h_2=4$m，墩宽 $b=1.6$m。求水流对消力墩的作用力。

解：（1）闸孔出流流量和跃后断面流速。

$$Q=v_1A_1=15\times 1.6\times 0.6=14.4(\text{m}^3/\text{s})$$

$$v_2=\frac{Q}{A_2}=\frac{14.4}{1.6\times 4}=2.25(\text{m/s})$$

（2）分析作用在隔离体上的外力。

围取隔离体，建立坐标系，如图 4.25 所示。假设消力墩对水流的反作用力为 R，水平向左。

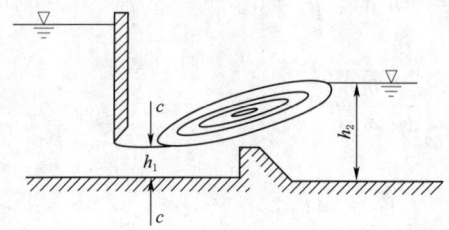

图 4.24 习题 4.16 图

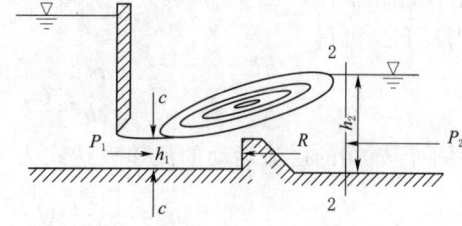

图 4.25 习题 4.16 隔离体图

跃前水深断面的动水压力：

$$P_1=\frac{1}{2}\rho g h_1^2 b=\frac{1}{2}\times 1000\times 9.8\times 0.6^2\times 1.6=2.82(\text{kN})$$

跃后水深断面的动水压力：

$$P_2 = \frac{1}{2}\rho g h_2^2 b = \frac{1}{2} \times 1000 \times 9.8 \times 4^2 \times 1.6 = 125.44 \text{(kN)}$$

(3) 列水流方向动量方程。

$$\rho Q(\beta_2 \vec{v}_2 - \beta_1 \vec{v}_1) = P_1 - R - P_2$$
$$14.4 \times (2.25 - 15) = 2.82 - R - 125.44$$

得，$R = 60.98 \text{kN}$，方向向左。

(4) 水流对消力墩的作用力与 R 大小相等，为 60.98kN，方向向右。

4.17 如图 4.26 所示，两平行板间的层流运动，上下两平行平板间充满了黏滞系数为 μ 的不可压缩流体，两平板间距离为 $2h$。下板固定，上平板以速度 U 相对于下平板运动，并带动流体流动；取 x 轴方向与平板运动方向一致，y 轴垂直于平板，坐标原点位于两板中间。此时，水流速度只有 x 方向的分量 u_x，而且 $u_x = u_x(y)$，在其余两轴上的速度分量为零。试用 N-S 方程式求两平行板间的层流运动的流速表达式。

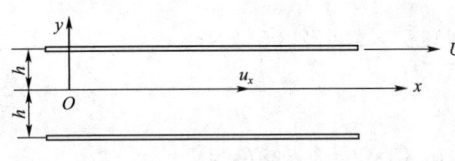

图 4.26 习题 4.17 图

解：由于 $u_y = u_z = 0$，连续性方程简化为

$$\frac{\partial u_x}{\partial x} = 0$$

N-S 方程简化为

$$f_x - \frac{1}{\rho}\frac{\partial p}{\partial x} + \nu \frac{\partial^2 u_x}{\partial^2 y} = 0$$

由 $f_x = 0$，则上式简化为

$$-\frac{1}{\rho}\frac{\partial p}{\partial x} + \nu \frac{\partial^2 u_x}{\partial^2 y} = 0$$

求解可得

$$u_x = \frac{1}{2\mu}\frac{\partial p}{\partial x}y^2 + C_1 y + C_2$$

结合边界条件，当 $y = h$ 时，$u_x = U$；当 $y = -h$ 时，$u_x = 0$。

代入上式可得

$$C_1 = \frac{U}{2h}; \quad C_2 = \frac{U}{2} - \frac{1}{2\mu}\frac{\partial p}{\partial x}h^2$$

两平行板间的层流运动的流速表达式为

$$u_x = \frac{1}{2\mu}\frac{\partial p}{\partial x}(h^2 - y^2) + \frac{U}{2h}y + \frac{U}{2}$$

第5章 流动阻力和能量损失

5.1 圆管直径 $d=10\text{mm}$,管中水流流速 $v=0.2\text{m/s}$,水温 $T=10℃$。(1)判别其液流形态;(2)若流速与水温不变,管径改变为 30mm,管中水流形态又如何?(3)若流速与水温不变,管流由层流转变为紊流时,管直径为多大?

解:(1)已知水温 $T=10℃$,查《水力学》表1.1得水的运动黏滞系数 $\nu=1.304\times 10^{-6}\text{m}^2/\text{s}$,水流雷诺数为

$$Re=\frac{vd}{\nu}=\frac{0.2\times 0.01}{1.304\times 10^{-6}}=1533.7<2000$$

因此,水流为层流。

(2)若流速与水温不变,管径改变为 30mm,水流雷诺数为

$$Re=\frac{vd}{\nu}=\frac{0.2\times 0.03}{1.304\times 10^{-6}}=4601.2>2000$$

因此,此时水流为紊流。

(3)管流由层流转变为紊流时,选取临界雷诺数 $Re_k=2000$,则管径为

$$d=\frac{Re_k\nu}{v}=\frac{2000\times 1.304\times 10^{-6}}{0.2}=13.04(\text{mm})$$

5.2 圆管直径 $d=100\text{mm}$,管中水流流速 $v=100\text{cm/s}$,水温 $T=10℃$,判别其液流形态,并求液流形态变化时的流速。

解:已知水温 $T=10℃$,查《水力学》表1.1得水的运动黏滞系数 $\nu=1.304\times 10^{-6}\text{m}^2/\text{s}$,水流雷诺数为

$$Re=\frac{vd}{\nu}=\frac{1\times 0.1}{1.304\times 10^{-6}}=76687>2000$$

选取液流形态转变时的临界雷诺数 $Re_k=2000$,其临界流速为

$$v_k=\frac{Re_k\nu}{d}=\frac{2000\times 1.304\times 10^{-6}}{0.1}=2.608(\text{cm/s})$$

5.3 断面为矩形的排水沟,沟底宽 $b=20\text{cm}$,水深 $h=15\text{cm}$,流速 $v=0.15\text{m/s}$,水温 $T=15℃$,判别其液流形态。

解:已知水温 $T=15℃$,查《水力学》表1.1得水的运动黏滞系数 $\nu=1.138\times 10^{-6}\text{m}^2/\text{s}$,断面水力半径为

$$R=\frac{A}{\chi}=\frac{bh}{b+2h}=\frac{0.2\times 0.15}{0.2+2\times 0.15}=0.06(\text{m})$$

雷诺数为

$$Re=\frac{vR}{\nu}=\frac{0.15\times 0.06}{1.138\times 10^{-6}}=7908.6>500$$

因此，水流为紊流。

5.4 某油管输送流量 $Q=5.67\times10^{-3}\mathrm{m}^3/\mathrm{s}$ 的中等燃料油，其运动黏滞系数 $\nu=6.08\times10^{-6}\mathrm{m}^2/\mathrm{s}$，求保持为层流状态的最大管径 d。

解：选取液流形态转变的临界雷诺数 $Re_\mathrm{k}=2000$，由 $Re_\mathrm{k}=\dfrac{vd}{\nu}=\dfrac{4Qd}{\pi d^2\nu}$，则管径为

$$d=\frac{4Q}{\pi Re_\mathrm{k}\nu}=\frac{4\times5.67\times10^{-3}}{3.14\times2000\times6.08\times10^{-6}}=0.594(\mathrm{m})$$

保持为层流状态的最大管径为 594mm。

5.5 有一管道，已知：半径 $r_0=15\mathrm{cm}$，层流时水力坡度 $J=0.15$，紊流时水力坡度 $J=0.2$，试求：(1) 管壁处的切应力 τ_0；(2) 离管轴 $r=10\mathrm{cm}$ 处的切应力 τ。

解：(1) 由切应力公式可得

层流运动： $\tau_0=\rho g\dfrac{r_0}{2}J=1000\times9.8\times\dfrac{0.15}{2}\times0.15=0.11(\mathrm{kN/m}^2)$

紊流运动： $\tau_0=\rho g\dfrac{r_0}{2}J=1000\times9.8\times\dfrac{0.15}{2}\times0.2=0.147(\mathrm{kN/m}^2)$

(2) 由切应力分布公式，离管轴 $r=10\mathrm{cm}$ 处的切应力 τ 如下：

层流运动： $\tau=\tau_0\dfrac{r}{r_0}=0.11\times\dfrac{10}{15}=0.073(\mathrm{kN/m}^2)$

紊流运动： $\tau=\tau_0\dfrac{r}{r_0}=0.147\times\dfrac{10}{15}=0.098(\mathrm{kN/m}^2)$

5.6 有一圆管，在管内通过 $\nu=0.013\mathrm{cm}^2/\mathrm{s}$ 的水，测得通过的流量为 $Q=35\mathrm{cm}^3/\mathrm{s}$，在管长 15m 的管段上测得水头损失为 2cm，试求该圆管内径 d。

解：假设液流形态为层流，故 $\lambda=\dfrac{64}{Re}$。

水头损失为

$$h_\mathrm{f}=\frac{64\nu}{vd}\frac{l}{d}\frac{v^2}{2g}=\frac{64\nu}{d}\frac{l}{d}\frac{v}{2g}=\frac{64\nu}{d}\frac{l}{d}\frac{4Q/\pi d^2}{2g}=\frac{64\nu l\times4Q}{2g\pi d^4}$$

$$d^4=\frac{64\nu l\times4Q}{2g\pi h_\mathrm{f}}=\frac{64\times0.013\times10^{-4}\times15\times4\times35\times10^{-6}}{2\times9.8\times3.14\times0.02}=1.42\times10^{-7}$$

则管径 $d=19.4\mathrm{mm}$。

管内平均流速： $v=\dfrac{4Q}{\pi d^2}=\dfrac{4\times35\times10^{-6}}{3.14\times19.4^2\times10^{-6}}=0.118(\mathrm{m/s})$

雷诺数： $Re=\dfrac{vd}{\nu}=\dfrac{0.118\times19.4\times10^{-3}}{0.013\times10^{-4}}=1761<2000$

故液流形态为层流，与假设相符，管径为 19.4mm。

5.7 某管路直径 $d=200\mathrm{mm}$，流量 $Q=0.094\mathrm{m}^3/\mathrm{s}$，水力坡度 $J=4.6\%$，试求该管道的沿程阻力系数 λ 值。

解：断面平均流速为

$$v=\frac{4Q}{\pi d^2}=\frac{4\times0.094}{3.14\times0.2^2}=2.99(\mathrm{m/s})$$

水力坡度为

$$J = \frac{h_f}{l} = \lambda \frac{1}{d} \frac{v^2}{2g}$$

沿程阻力系数为

$$\lambda = \frac{Jd \times 2g}{v^2} = \frac{0.046 \times 0.2 \times 2 \times 9.8}{2.99^2} = 0.02$$

5.8 做沿程水头损失实验的管道直径 $d=1.5\text{cm}$，量测段长度 $l=4\text{m}$，水温 $T=5℃$，试求：(1) 当流量 $Q=0.03\text{L/s}$ 时，管中的液流形态；(2) 此时的沿程阻力系数 λ；(3) 量测段沿程水头损失 h_f；(4) 为保持管中为层流，量测段的最大测压管水头差 $\frac{p_1-p_2}{\rho g}$。

解：(1) 已知水温 $T=5℃$，查《水力学》表1.1得水的运动黏滞系数 $\nu=1.514\times 10^{-6}\text{m}^2/\text{s}$。

管中平均流速为

$$v = \frac{4Q}{\pi d^2} = \frac{4 \times 0.03 \times 10^{-3}}{3.14 \times 0.015^2} = 0.17 (\text{m/s})$$

雷诺数为

$$Re = \frac{vd}{\nu} = \frac{0.17 \times 0.015}{1.514 \times 10^{-6}} = 1684 < 2000$$

管中液流形态为层流。

(2) 层流运动，沿程阻力系数为

$$\lambda = \frac{64}{Re} = \frac{64}{1684} = 0.038$$

(3) 量测段沿程水头损失为

$$h_f = \lambda \frac{l}{d} \frac{v^2}{2g} = 0.038 \times \frac{4}{0.015} \times \frac{0.17^2}{2 \times 9.8} = 0.015 (\text{m})$$

(4) 选取液流形态转变的临界雷诺数 $Re_k = 2000$，则临界流速为

$$v_k = \frac{Re_k \nu}{d} = \frac{2000 \times 1.514 \times 10^{-6}}{0.015} = 0.2 (\text{m/s})$$

此临界状态下的沿程水头损失为

$$h_f = \lambda \frac{l}{d} \frac{v_k^2}{2g} = \frac{64}{Re_k} \frac{l}{d} \frac{v_k^2}{2g} = \frac{64}{2000} \times \frac{4}{0.015} \times \frac{0.2^2}{2 \times 9.8} = 0.0174 (\text{m})$$

即量测段的最大测压管水头差 $\frac{p_1-p_2}{\rho g} = h_f = 17.4 (\text{mm})$。

5.9 有一直径 $d=200\text{mm}$ 的新的铸铁管，其当量粗糙度 $\Delta=0.35\text{mm}$，水温 $T=15℃$，试求：(1) 维持水力光滑管水流的最大流量；(2) 维持粗糙管水流的最小流量。

解：已知水温 $T=15℃$，查《水力学》表1.1得水的运动黏滞系数 $\nu=1.138\times 10^{-6}\text{m}^2/\text{s}$。

(1) 水力光滑管需满足 $\Delta < 0.3\delta_0$，维持水力光滑管水流的最大流量对应的最小黏性

底层厚度 $\delta_0 = \dfrac{\Delta}{0.3} = 1.167(\text{mm})$。

将光滑管布劳修斯公式 $\lambda = \dfrac{0.316}{Re^{1/4}}$ 代入黏性底层厚度公式 $\delta = \dfrac{32.8d}{Re\sqrt{\lambda}}$，得

$$\delta = \dfrac{32.8d}{Re\sqrt{0.316/Re^{1/4}}} = \dfrac{32.8d}{Re^{7/8}\sqrt{0.316}}$$

将 δ_0 代入，得

$$Re = \left(\dfrac{32.8d}{\delta_0\sqrt{0.136}}\right)^{8/7} = \left(\dfrac{32.8 \times 0.2}{0.001167\sqrt{0.136}}\right)^{8/7} = 6.03 \times 10^4$$

符合光滑管布劳修斯公式适用条件 $4000 < Re < 10^5$。

管中流速为

$$v = \dfrac{Re \cdot \nu}{d} = \dfrac{6.03 \times 10^4 \times 1.138 \times 10^{-6}}{0.2} = 0.34(\text{m/s})$$

维持水力光滑管水流的最大流量为

$$Q = vA = 0.34 \times \dfrac{\pi}{4} \times 0.2^2 = 0.011(\text{m}^3/\text{s})$$

（2）粗糙管需满足 $\Delta > 6\delta_0$，维持粗糙管的最小流量相应的最大黏性底层厚度为 $\delta_0 = \dfrac{\Delta}{6} = 0.0583\text{mm}$。

由尼古拉兹粗糙管公式得

$$\lambda = \dfrac{1}{\left(2\lg\dfrac{r}{\Delta} + 1.74\right)^2} = \dfrac{1}{\left(2\lg\dfrac{0.1}{0.35 \times 10^{-3}} + 1.74\right)^2} = 0.023$$

由 $\delta = \dfrac{32.8d}{Re\sqrt{\lambda}}$，得

$$Re = \dfrac{32.8d}{\delta\sqrt{\lambda}} = \dfrac{32.8 \times 0.2}{0.0583 \times 10^{-3} \times \sqrt{0.023}} = 7.42 \times 10^5$$

符合尼古拉兹粗糙管公式适用范围

$$Re > \dfrac{383}{\sqrt{\lambda}}\left(\dfrac{r}{\Delta}\right) = \dfrac{383}{\sqrt{0.023}}\dfrac{0.1}{0.35 \times 10^{-3}} = 7.22 \times 10^5$$

管中流速为

$$v = \dfrac{Re \cdot \nu}{d} = \dfrac{7.42 \times 10^5 \times 1.138 \times 10^{-6}}{0.2} = 4.22(\text{m/s})$$

维持粗糙管水流的最小流量为

$$Q = vA = 4.22 \times \dfrac{\pi}{4} \times 0.2^2 = 0.133\ (\text{m}^3/\text{s})$$

5.10 有一旧的生锈铸铁管路，直径 $d = 300\text{mm}$，长度 $l = 200\text{m}$，流量 $Q = 0.25\text{m}^3/\text{s}$，当量粗糙度 $\Delta = 0.6\text{mm}$，水温 $T = 10\text{℃}$，试分别用公式法和查图法求沿程水头损失 h_f。

解： 已知水温 $T=10℃$，查《水力学》表 1.1 得水的运动黏滞系数 $\nu=1.304\times 10^{-6}\,\mathrm{m^2/s}$，管中流速为

$$v=\frac{Q}{A}=\frac{Q}{\pi d^2/4}=\frac{0.25}{3.14\times 0.3^2/4}=3.54(\mathrm{m/s})$$

(1) 公式法。

1) $Re=\dfrac{vd}{\nu}=\dfrac{3.54\times 0.3}{1.304\times 10^{-6}}=8.1\times 10^5>2000$，水流液流形态为紊流。

2) 再判别水流属于哪个紊流区域：假设 $\lambda=0.023$，则黏性底层厚度为

$$\delta=\frac{32.8d}{Re\sqrt{\lambda}}=\frac{32.8\times 0.3}{8.1\times 10^5\times\sqrt{0.023}}=8.01\times 10^{-5}(\mathrm{m})$$

则 $\dfrac{\Delta}{\delta_0}=\dfrac{0.6}{0.0801}=7.49>6$，故水流属于粗糙区，可应用尼古拉兹粗糙管公式求 λ 值：

$$\lambda=\frac{1}{\left[2\lg\left(3.7\dfrac{d}{\Delta}\right)\right]^2}=\frac{1}{\left[2\lg\left(3.7\times\dfrac{300}{0.6}\right)\right]^2}=0.023$$

与假设相符。

3) 沿程水头损失 $h_f=\lambda\dfrac{l}{d}\dfrac{v^2}{2g}=0.023\times\dfrac{200}{0.3}\times\dfrac{3.54^2}{2g}=9.8(\mathrm{m})$

(2) 查图法。

$$\frac{\Delta}{d}=\frac{0.6}{300}=0.002,\ Re=8.1\times 10^5$$

查莫迪图，得 $\lambda=0.024$，与公式法基本吻合

沿程水头损失为

$$h_f=\lambda\frac{l}{d}\frac{v^2}{2g}=0.024\times\frac{200}{0.3}\times\frac{3.54^2}{2g}=10.2(\mathrm{m})$$

5.11 如图 5.1 所示，水从密闭水箱 A 沿垂直管路压送到上面的敞口水箱 B 中，已知 $d=25\mathrm{mm}$，$l=3\mathrm{m}$，$h=0.5\mathrm{m}$，$Q=1.5\mathrm{L/s}$，阀门 C 的阻力系数 $\zeta=9.3$，壁面绝对粗糙度 $\Delta=0.2\mathrm{mm}$，流动处于粗糙区，$\lambda=0.11\left(\dfrac{\Delta}{d}\right)^{0.25}$。求压力表读数。

解： 在压力表上下游选取符合渐变流条件的断面 1—1 和断面 2—2。

以断面 1—1 为基准面，列断面 1—1 和断面 2—2 间的总流能量方程。

$$z_1+\frac{p_1}{\rho g}+\frac{\alpha_1 v_1^2}{2g}=z_2+\frac{p_2}{\rho g}+\frac{\alpha_2 v_2^2}{2g}+h_{w1-2}$$

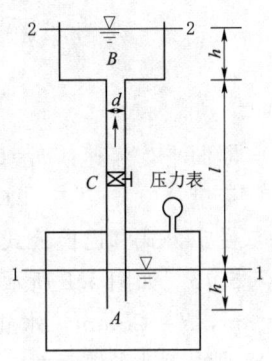

图 5.1 习题 5.11 图

由题意：

$$0+\frac{p_1}{\rho g}+0=(l+h)+0+0+h_f+h_j$$

沿程阻力系数：$\lambda = 0.11 \left(\dfrac{\Delta}{d}\right)^{0.25} = 0.11 \times \left(\dfrac{0.2}{25}\right)^{0.25} = 0.033$

管中流速：$v = \dfrac{Q}{A} = \dfrac{Q}{\pi d^2/4} = \dfrac{1.5 \times 10^{-3}}{3.14 \times 0.025^2/4} = 3.06 \text{(m/s)}$

沿程水头损失：$h_f = \lambda \dfrac{l+h}{d} \dfrac{v^2}{2g} = 0.033 \times \dfrac{3+0.5}{0.025} \times \dfrac{3.06^2}{2 \times 9.8} = 2.21 \text{(m)}$

局部水头损失：$h_j = \zeta \dfrac{v^2}{2g} = 9.3 \times \dfrac{3.06^2}{2 \times 9.8} = 4.44 \text{(m)}$

代入能量方程可得

$$0 + \dfrac{p_1}{\rho g} + 0 = 3 + 0.5 + 0 + 2.21 + 4.44$$

压力表读数为 $\dfrac{p_1}{\rho g} = 10.15 \text{(m)}$。

5.12 明渠中水流为均匀流，水力坡度 $J = 0.0009$，明渠底宽为 $b = 2\text{m}$，水深 $h = 1\text{m}$，粗糙系数 $n = 0.014$。计算明渠中通过的流量（分别用曼宁公式和巴氏公式计算）。

解：断面水力半径为

$$R = \dfrac{A}{\chi} = \dfrac{bh}{b + 2h} = \dfrac{2 \times 1}{2 + 2 \times 1} = 0.5 \text{(m)}$$

（1）曼宁公式。

$$C = \dfrac{1}{n} R^{1/6} = \dfrac{1}{0.014} 0.5^{1/6} = 63.64 \text{(m}^{1/2}/\text{s)}$$

断面平均流速：$v = C\sqrt{RJ} = 63.64 \times \sqrt{0.5 \times 0.0009} = 1.35 \text{(m/s)}$

流量：$Q = vA = vbh = 1.35 \times 2 \times 1 = 2.7 \text{(m}^3/\text{s)}$

（2）巴氏公式。

$$y = 2.5\sqrt{n} - 0.13 - 0.75\sqrt{R}(\sqrt{n} - 0.1)$$
$$= 2.5\sqrt{0.014} - 0.13 - 0.75\sqrt{0.5}(\sqrt{0.014} - 0.1) = 0.1561$$

$$C = \dfrac{1}{n} R^y = \dfrac{1}{0.014} 0.5^{0.1561} = 64.1 \text{(m}^{1/2}/\text{s)}$$

断面平均流速：$v = C\sqrt{RJ} = 64.1 \times \sqrt{0.5 \times 0.0009} = 1.36 \text{(m/s)}$

流量：$Q = vA = vbh = 1.36 \times 2 \times 1 = 2.72 \text{(m}^3/\text{s)}$

曼宁公式和巴氏公式求得的渠道过流量基本相等。

5.13 如图5.2所示，油在管路中以 $v = 1\text{m/s}$ 的速度流动，油的密度 $\rho = 920\text{kg/m}^3$，$l = 3\text{m}$，$d = 25\text{mm}$，水银压差计测得 $h = 9\text{cm}$，试求：（1）油在管路中的液流形态；（2）油的运动黏滞系数；（3）若以相同的平均流速反向流动，压差计的读数有何变化？

解：（1）选取符合渐变流条件的断面1—1和断面2—2，如图5.3所示。以断面2—2为基准面，列断面1—1和断面2—2间的总流能量方程。

$$z_1 + \dfrac{p_1}{\rho g} + \dfrac{\alpha_1 v_1^2}{2g} = z_2 + \dfrac{p_2}{\rho g} + \dfrac{\alpha_2 v_2^2}{2g} + h_{w1-2}$$

由题意：

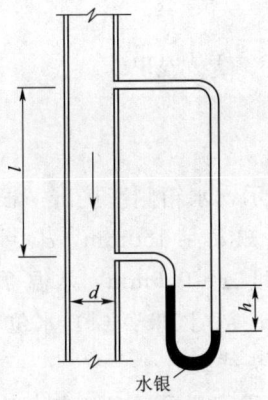
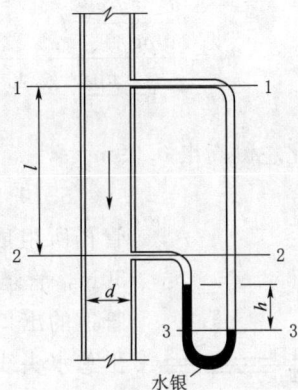

图 5.2 习题 5.13 图　　图 5.3 习题 5.13 等压面与渐变流断面图

$$l+\frac{p_1}{\rho g}+\frac{v^2}{2g}=0+\frac{p_2}{\rho g}+\frac{v^2}{2g}+h_f$$

由等压面 3—3 平面可得，$p_1+\rho g(l+h)=p_2+\rho_{Hg}gh$

$$\frac{p_1-p_2}{\rho g}=\frac{\rho_{Hg}gh-\rho g(l+h)}{\rho g}=\frac{13.6\times 9.8\times 0.09-0.92\times 9.8\times (3+0.09)}{0.92\times 9.8}=-1.76(\text{m})$$

沿程水头损失：
$$h_f=\lambda\frac{l}{d}\frac{v^2}{2g}$$

代入能量方程，$3-1.76=h_f=\lambda\dfrac{3}{0.025}\dfrac{1^2}{2g}$，得沿程阻力系数为

$$\lambda=\frac{1.24\times 0.025\times 2g}{3}=0.203$$

假设为层流状态，$Re=\dfrac{64}{\lambda}=\dfrac{64}{0.203}\approx 316<2000$，与假设相符。油在管路中的液流形态为层流。

（2）油的运动黏滞系数为

$$\nu=\frac{vd}{Re}=\frac{1\times 0.025}{316}=7.91\times 10^{-5}(\text{m}^2/\text{s})$$

（3）若以相同的平均流速反向流动，以断面 2—2 为基准面，列断面 1—1 和断面 2—2 间的总流能量方程：

$$z_2+\frac{p_2}{\rho g}+\frac{\alpha_2 v_2^2}{2g}=z_1+\frac{p_1}{\rho g}+\frac{\alpha_1 v_1^2}{2g}+h_{w2-1}$$

$$0+\frac{p_2}{\rho g}+\frac{v^2}{2g}=3+\frac{p_1}{\rho g}+\frac{v^2}{2g}+h_f$$

$$\frac{p_2-p_1}{\rho g}=3+1.24=4.24(\text{m})$$

假设压差计左侧比右侧高出 h'，由等压面可得 $p_1+\rho g(l+h')=p_2+\rho_{Hg}gh'$，则

$$h' = \frac{\frac{p_2 - p_1}{\rho g} - l}{1 - \frac{\rho_{Hg}}{\rho}} = \frac{4.24 - 3}{1 - 13.6/0.92} \approx -0.09(\text{m})$$

即压差计右侧会比左侧高出 0.09m。

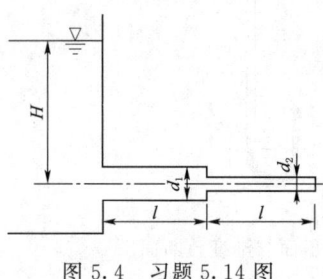

图 5.4 习题 5.14 图

5.14 如图 5.4 所示，水箱侧壁接出一根由两段不同管径所组成的管路。已知 $d_1 = 150\text{mm}$，$d_2 = 75\text{mm}$，$l = 50\text{m}$，管道的当量粗糙度 $\Delta = 0.6\text{mm}$，水温 $T = 20℃$。若管道的出口流速 $v_2 = 2\text{m/s}$，试求：(1) 水位 H；(2) 绘出总水头线和测压管水头线。

解：(1) 已知水温 $T = 20℃$，查《水力学》表 1.1 得水的运动黏滞系数 $\nu = 1.004 \times 10^{-6} \text{m}^2/\text{s}$，由连续性方程 $A_1 v_1 = A_2 v_2$ 可得

$$v_1 = \frac{A_2 v_2}{A_1} = v_2 \frac{d_2^2}{d_1^2} = 2 \times \frac{0.075^2}{0.15^2} = 0.5(\text{m/s})$$

选取符合渐变流条件的断面 1—1（远离入口，忽略行近流速）和管路出口断面 2—2，如图 5.5 所示。以管路中轴线所在平面 0—0 为基准面，列断面 1—1 和断面 2—2 间的总流能量方程。

$$H + \frac{p_0}{\rho g} + \frac{\alpha_0 v_0^2}{2g} = z_2 + \frac{p_2}{\rho g} + \frac{\alpha_2 v_2^2}{2g} + h_{w1-2}$$

$$H + 0 + 0 = 0 + 0 + \frac{\alpha_2 v_2^2}{2g} + h_f + h_j$$

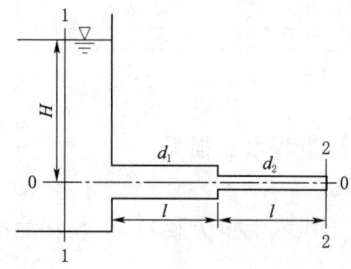

图 5.5 习题 5.14 等压面与渐变流断面图

沿程水头损失：$h_f = \lambda_1 \frac{l_1}{d_1} \frac{v_1^2}{2g} + \lambda_2 \frac{l_2}{d_2} \frac{v_2^2}{2g}$

第一段管路：$Re_1 = \frac{v_1 d_1}{\nu} = \frac{0.5 \times 0.15}{1.004 \times 10^{-6}} = 7.47 \times 10^4$，属过渡粗糙区，$\Delta/d_1 = 0.6/150 = 0.004$，查莫迪图得沿程阻力系数 $\lambda_1 = 0.03$。

第二段管路：$Re_2 = \frac{v_2 d_2}{\nu} = \frac{2 \times 0.075}{1.004 \times 10^{-6}} = 1.5 \times 10^5$，属阻力平方区，$\Delta/d_2 = 0.6/75 = 0.008$，查莫迪图得沿程阻力系数 $\lambda_2 = 0.036$。

沿程水头损失：

$$h_f = \lambda_1 \frac{l_1}{d_1} \frac{v_1^2}{2g} + \lambda_2 \frac{l_2}{d_2} \frac{v_2^2}{2g} = 0.03 \times \frac{50}{0.15} \times \frac{0.5^2}{2 \times 9.8} + 0.036 \times \frac{50}{0.075} \times \frac{2^2}{2 \times 9.8} = 5.03(\text{m})$$

局部水头损失：

$$h_j = \xi_0 \frac{v_1^2}{2g} + \xi_2 \frac{v_2^2}{2g} = 0.5 \times \frac{0.5^2}{2 \times 9.8} + 0.5 \times \left(1 - \frac{d_2^2}{d_1^2}\right) \times \frac{2^2}{2 \times 9.8} = 0.083(\text{m})$$

将 h_f 和 h_j 代入能量方程，得

$$H = \frac{\alpha_2 v_2^2}{2g} + h_{w1-2} = \frac{2^2}{2 \times 9.8} + 5.03 + 0.083 = 5.317 \text{(m)}$$

(2) 绘制总水头线和测压管水头线,如图 5.6 所示。

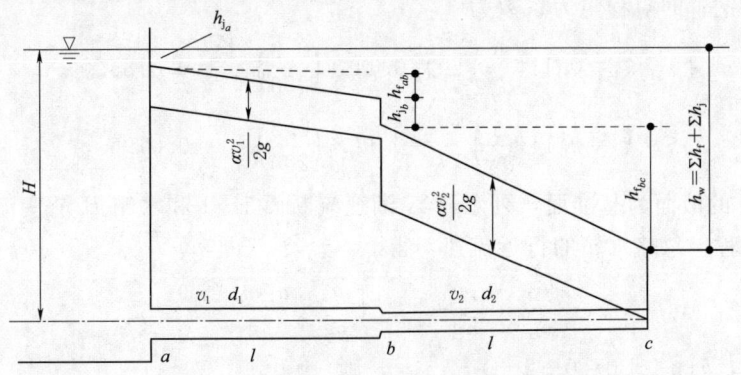

图 5.6 习题 5.14 总水头线和测压管水头线

5.15 如图 5.7 所示的实验装置,用来测定管路的沿程阻力系数 λ 和当量粗糙度 Δ。已知管径 $d=200$mm,管长 $l=10$m,水温 $T=20$℃,测得流量 $Q=0.15\text{m}^3/\text{s}$,水银压差计读数 $h=0.1$m。试求:(1) 沿程阻力系数;(2) 管壁的当量粗糙度 Δ。

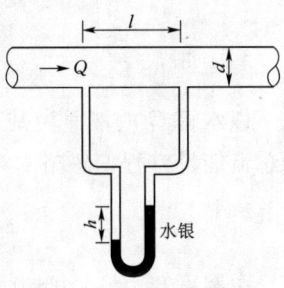

图 5.7 习题 5.15 图

解:(1) 管路沿程水头损失:

$$h_f = \frac{\Delta p}{\rho g} = \frac{(\rho_{Hg} - \rho)h}{\rho} = \frac{12.6 \times 0.1}{1} = 1.26 \text{(m)}$$

管道平均流速:

$$v = \frac{4Q}{\pi d^2} = \frac{4 \times 0.15}{3.14 \times 0.2^2} = 4.78 \text{(m/s)}$$

沿程阻力系数:

$$\lambda = \frac{h_f}{\dfrac{l}{d}\dfrac{v^2}{2g}} = \frac{1.26}{\dfrac{10}{0.2}\dfrac{4.78^2}{2g}} = 0.022$$

(2) 已知水温 $T=20$℃,查《水力学》表 1.1 得水的运动黏滞系数 $\nu = 1.004 \times 10^{-6} \text{m}^2/\text{s}$,则

$$Re = \frac{vd}{\nu} = \frac{4.78 \times 0.2}{1.004 \times 10^{-6}} = 9.52 \times 10^5$$

查莫迪图,可得 $\Delta/d = 0.0016$,则当量粗糙度为 $\Delta = 0.0016 \times 0.2 = 0.32 \text{(mm)}$。

5.16 如图 5.8 所示 A、B、C 三个水箱,由两段钢管相连接,经过调节使管中产生恒定流动,已知:A、C 箱水面差 $H=10$m,$l_1=$

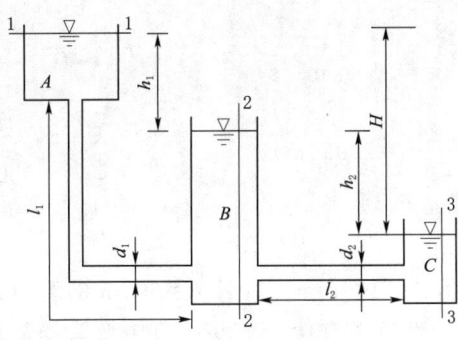

图 5.8 习题 5.16 图

50m,$l_2=40\text{m}$,$d_1=250\text{mm}$,$d_2=200\text{mm}$,$\zeta_w=0.25$,设流动处于粗糙区,$\lambda=0.11\left(\dfrac{\Delta}{d}\right)^{0.25}$,当量粗糙度 $\Delta=0.2\text{mm}$。试求:(1)管中流量 Q;(2)h_1 和 h_2 的值。

解: 两段钢管的沿程阻力系数为

$$\lambda_1=0.11\left(\dfrac{\Delta}{d_1}\right)^{0.25}=0.11\times\left(\dfrac{0.2}{250}\right)^{0.25}=0.0185$$

$$\lambda_2=0.11\left(\dfrac{\Delta}{d_2}\right)^{0.25}=0.11\times\left(\dfrac{0.2}{200}\right)^{0.25}=0.0196$$

以水箱 B 的液面为基准面,列水箱 A 渐变流断面 1—1 和水箱 B 渐变流断面 2—2 间的总流能量方程,忽略水箱的行近流速,得

$$z_1+\dfrac{p_1}{\rho g}+\dfrac{\alpha_1 v_{01}^2}{2g}=z_2+\dfrac{p_2}{\rho g}+\dfrac{\alpha_2 v_{02}^2}{2g}+h_{w1-2}$$

由题可知,$h_1+0+0=0+0+0+h_{w1-2}$,则

$$h_1=h_{w1-2}=\lambda_1\dfrac{l_1}{d_1}\dfrac{v_1^2}{2g}+(\zeta_w+\zeta_0+\zeta_{se})\dfrac{v_1^2}{2g}=\left(0.0185\times\dfrac{50}{0.25}+0.25+0.5+1\right)\dfrac{v_1^2}{2g}$$

$$=5.45\dfrac{v_1^2}{2g}$$

以水箱 C 的液面为基准面,列水箱 B 渐变流断面 2—2 和水箱 C 渐变流断面 3—3 间的总流能量方程,忽略水箱的行近流速,得

$$z_2+\dfrac{p_2}{\rho g}+\dfrac{\alpha_2 v_{02}^2}{2g}=z_3+\dfrac{p_3}{\rho g}+\dfrac{\alpha_3 v_{03}^2}{2g}+h_{w2-3}$$

由题可知,$h_2+0+0=0+0+0+h_{w2-3}$,则

$$h_2=h_{w2-3}=\lambda_2\dfrac{l_2}{d_2}\dfrac{v_2^2}{2g}+(\zeta_0+\zeta_{se})\dfrac{v_2^2}{2g}=\left(0.0196\times\dfrac{40}{0.2}+0.5+1\right)\dfrac{v_2^2}{2g}=5.42\dfrac{v_2^2}{2g}$$

由连续性方程 $A_1 v_1=A_2 v_2$,可得 $v_2=\dfrac{A_1 v_1}{A_2}=v_1\dfrac{d_1^2}{d_2^2}$,则

$$H=h_1+h_2=5.45\dfrac{v_1^2}{2g}+5.42\dfrac{v_2^2}{2g}=5.45\dfrac{v_1^2}{2g}+5.42\left(\dfrac{250}{200}\right)^4\dfrac{v_1^2}{2g}=10$$

得 $\qquad v_1=3.24\text{m/s}$,$v_2=5.06\text{m/s}$

管中流量为

$$Q=v_1 A_1=3.24\times\dfrac{\pi\times 0.25^2}{4}=0.159(\text{m}^3/\text{s})$$

$$h_1=5.45\times\dfrac{v_1^2}{2g}=5.45\times\dfrac{3.24^2}{2g}=2.92(\text{m})$$

$$h_2=5.42\times\dfrac{v_2^2}{2g}=5.42\times\dfrac{5.06^2}{2g}=7.08(\text{m})$$

5.17 如图 5.9 所示,某一水池通过一根管径 $d=100\text{mm}$,管长 $l=800\text{m}$ 的管道恒定放水。已知水池水面和管道出口高差 $H=20\text{m}$,管道上有两个弯头,每个弯头的局部阻力系数 $\zeta_w=0.3$,管道进口是直角进口($\zeta=0.5$),管道全长的沿程阻力系数 $\lambda=$

0.025。试求通过管道的流量。

解：以下游管道管轴心水平面 0—0 为基准面,列水池中远离管道入口的竖直渐变流断面 1—1 和管道出口断面 2—2 间的总流能量方程,忽略水池中行近流速,得

$$z_1 + \frac{p_1}{\rho g} + \frac{\alpha_1 v_1^2}{2g} = z_2 + \frac{p_2}{\rho g} + \frac{\alpha_2 v_2^2}{2g} + h_{w1-2}$$

由题可知,$H + 0 + 0 = 0 + 0 + \frac{v_2^2}{2g} + h_f + h_j$,则

$$H = \frac{v_2^2}{2g} + \left(\lambda \frac{l}{d} + \zeta_0 + 2\zeta_w\right)\frac{v_2^2}{2g}$$

即

$$20 = \left(1 + 0.025 \times \frac{800}{0.1} + 0.5 + 2 \times 0.3\right)\frac{v_2^2}{2g} = 202.1 \frac{v_2^2}{2g}$$

$$v_2 = 1.39 \text{m/s}$$

图 5.9 习题 5.17 图

管道流量为

$$Q = v_2 \frac{\pi}{4} d^2 = 1.39 \times \frac{\pi}{4} \times 0.1^2 = 0.0109 (\text{m}^3/\text{s})$$

5.18 为测定 90°弯头的局部阻力系数 ζ,采用如图 5.10 所示的装置。已知 AB 段管长 $l = 10$m,管径 $d = 50$mm,$\lambda = 0.03$。实测数据为：(1) AB 两断面测压管水头差 $\Delta h = 0.629$m；(2) 经 2min 流入量水箱的水量为 0.329m^3。求弯头的局部阻力系数 ζ。

资源 5.1
习题 5.18
解析

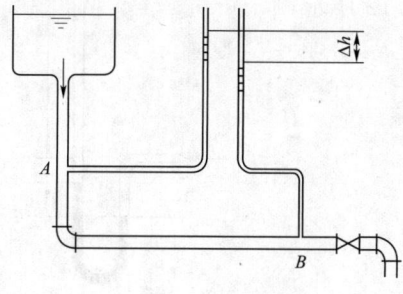

图 5.10 习题 5.18 图

解：管路流量为

$$Q = \frac{0.329}{2 \times 60} = 0.00274 (\text{m}^3/\text{s})$$

管中平均流速为

$$v = \frac{4Q}{\pi d^2} = \frac{4 \times 0.00274}{3.14 \times 0.05^2} = 1.396 (\text{m/s})$$

以水平管路管轴心为基础面,列断面 A 和断面 B 间的总流能量方程：

$$z_A + \frac{p_A}{\rho g} + \frac{\alpha_1 v^2}{2g} = z_B + \frac{p_B}{\rho g} + \frac{\alpha_2 v^2}{2g} + h_w$$

$$\Delta h = h_w = h_f + h_j = \lambda \frac{l}{d} \frac{v^2}{2g} + \zeta \frac{v^2}{2g}$$

沿程水头损失：

$$h_f = \lambda \frac{l}{d} \frac{v^2}{2g} = 0.03 \times \frac{10}{0.05} \times \frac{1.396^2}{2 \times 9.8} = 0.597$$

弯管局损系数：

$$\zeta = \frac{\Delta h - h_f}{\frac{v^2}{2g}} = \frac{0.629 - 0.597}{1.396^2/(2 \times 9.8)} = 0.32$$

5.19 如图 5.11 所示，一直立的突然扩大水管，已知 $d_1=150\text{mm}$，$d_2=300\text{mm}$，$h=1.5\text{m}$，$v_2=3\text{m/s}$，试确定水银比压计中的水银液面哪一侧较高，差值为多少。

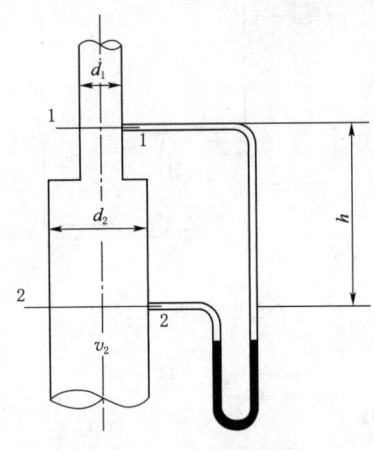

图 5.11 习题 5.19 图

解： 由连续性方程 $v_1A_1=v_2A_2$，可得上侧小管断面平均流速为

$$v_1=\frac{A_2}{A_1}v_2=\left(\frac{d_2}{d_1}\right)^2 v_2=\left(\frac{0.3}{0.15}\right)^2\times 3=12(\text{m/s})$$

以水银比压计下侧接口所在水平面为基准面，列水银比压计两接口处断面 1—1 和断面 2—2 间的总流能量方程：

$$z_1+\frac{p_1}{\rho g}+\frac{\alpha_1 v_1^2}{2g}=z_2+\frac{p_2}{\rho g}+\frac{\alpha_2 v_2^2}{2g}+h_{w1-2}$$

由题可知：

$$\frac{p_2-p_1}{\rho g}=h+\frac{v_1^2}{2g}-\frac{v_2^2}{2g}-h_w$$

因忽略沿程水头损失，则

$$h_w=h_j=\left(1-\frac{A_1}{A_2}\right)^2\frac{v_1^2}{2g}=\left[1-\left(\frac{0.15}{0.3}\right)^2\right]^2\times\frac{12^2}{2g}=4.13(\text{m})$$

代入能量方程：

$$\frac{p_2-p_1}{\rho g}=1.5+\frac{12^2}{2\times 9.8}-\frac{3^2}{2\times 9.8}-4.13=4.26(\text{m})$$

所以，$p_2>p_1$，水银比压计中右侧水银液面较高。

设右侧水银液面与左侧液面的高差为 Δh，如图 5.12 所示，断面 $a-a$ 为等压面，则

$$p_1+\rho g h+\rho_{\text{Hg}} g\Delta h=p_2+\rho g\Delta h$$

$$\frac{p_2-p_1}{\rho g}=h+\frac{\rho_{\text{Hg}}-\rho}{\rho}\Delta h$$

$$\Delta h=\frac{\dfrac{p_2-p_1}{\rho g}-h}{\dfrac{\rho_{\text{Hg}}-\rho}{\rho}}=\frac{4.26-1.5}{12.6}=0.219(\text{m})$$

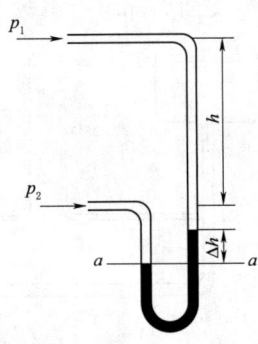

图 5.12 习题 5.19 等压面图

水银比压计中右侧水银液面比左侧高 0.219m。

第6章 量纲分析与相似原理

6.1 以 L、M、T 为基本量纲，推出密度 ρ、动力黏滞系数 μ、运动黏滞系数 ν、表面张力系数 σ、体积压缩系数 β 的量纲。

解：密度 $\qquad [\rho]=\left[\dfrac{m}{V}\right]=ML^{-3}$

动力黏滞系数 $\qquad [\mu]=\left[\tau\dfrac{dy}{du}\right]=\dfrac{MLT^{-2}}{L^2}\dfrac{L}{LT^{-1}}=ML^{-1}T^{-1}$

运动黏滞系数 $\qquad [\nu]=\left[\dfrac{\mu}{\rho}\right]=\dfrac{ML^{-1}T^{-1}}{ML^{-3}}=L^2T^{-1}$

表面张力系数 $\qquad [\sigma]=\left[\dfrac{T}{l}\right]=\dfrac{MLT^{-2}}{L}=MT^{-2}$

体积压缩系数 $\qquad [\beta]=\left[\dfrac{1}{\rho}\dfrac{d\rho}{dp}\right]=\left[\dfrac{1}{dp}\right]=M^{-1}LT^2$

6.2 试分析流体平衡微分方程 $f_x-\dfrac{1}{\rho}\dfrac{\partial p}{\partial x}=0$ 是否符合量纲和谐原理。

解：$[f_x]=LT^{-2}$，$\left[\dfrac{1}{\rho}\dfrac{\partial p}{\partial x}\right]=M^{-1}L^3\dfrac{ML^{-1}T^{-2}}{L}=LT^{-2}$

式中各项量纲相同，符合量纲和谐原理。

6.3 已知通过薄壁矩形堰的流量 Q 与堰口宽度 b、堰上水头 H、密度 ρ、重力加速度 g、动力黏滞系数 μ 和表面张力系数 σ 等有关。试用 π 定理推求薄壁矩形堰的流量计算公式。

解：根据题意，可写出如下的函数关系：
$$Q=f(b,H,\rho,g,\mu,\sigma)$$

选取 b、ρ、g 作为基本物理量，则

$$\pi=\dfrac{Q}{b^x\rho^y g^z}=\dfrac{L^3T^{-1}}{(L)^x(ML^{-3})^y(LT^{-2})^z}$$

由量纲和谐原理，对于 M，$y=0$；对于 T，$z=0.5$；对于 L，$x=2.5$。

则 $\qquad \pi=\dfrac{Q}{b^{5/2}g^{1/2}}$

同理： $\qquad \pi_4=\dfrac{H}{b^{x_4}\rho^{y_4}g^{z_4}}=\dfrac{L}{(L)^{x_4}(ML^{-3})^{y_4}(LT^{-2})^{z_4}}$

解出 $x_4=1$，$y_4=0$，$z_4=0$，所以 $\pi_4=\dfrac{H}{b}$。

同理： $\qquad \pi_5=\dfrac{\mu}{b^{x_5}\rho^{y_5}g^{z_5}}=\dfrac{ML^{-1}T^{-1}}{(L)^{x_5}(ML^{-3})^{y_5}(LT^{-2})^{z_5}}$

解出 $x_5=3/2$，$y_5=1$，$z_5=1/2$，所以 $\pi_5=\dfrac{\mu}{b^{3/2}\rho g^{1/2}}$。

同理：
$$\pi_6=\dfrac{\sigma}{b^{x_6}\rho^{y_6}g^{z_6}}=\dfrac{MT^{-2}}{(L)^{x_6}(ML^{-3})^{y_6}(LT^{-2})^{z_6}}$$

解出 $x_6=2$，$y_6=1$，$z_6=1$，所以 $\pi_6=\dfrac{\sigma}{b^2\rho g}$。

上述物理过程可表示为：
$$\dfrac{Q}{b^{5/2}g^{1/2}}=f\left(\dfrac{H}{b},\ \dfrac{\mu}{b^{3/2}\rho g^{1/2}},\ \dfrac{\sigma}{b^2\rho g}\right)$$

6.4 已知物体在液体中所受阻力 F 与液体密度 ρ、液体动力黏滞系数 μ、物体的运动速度 u 及物体的大小（用线性长度 l）有关。试用 π 定理推物体运动时所受阻力 F 的计算公式。

资源 6.1
习题 6.4
解析

解：根据题意，物体在液体中所受阻力 F 可写成如下的函数关系：
$$F=f(\rho,\mu,u,l)$$

选取 ρ、u、l 作为基本物理量，则
$$\pi=\dfrac{F}{\rho^x u^y l^z}=\dfrac{MLT^{-2}}{(ML^{-3})^x(LT^{-1})^y(L)^z}$$

由量纲和谐原理，对于 M，$x=1$；对于 T，$y=2$；对于 L，$z=2$；则
$$\pi=\dfrac{F}{\rho u^2 l^2}$$

同理：
$$\pi_4=\dfrac{\mu}{\rho^x u^y l^z}=\dfrac{ML^{-1}T^{-1}}{(ML^{-3})^{x_4}(LT^{-1})^{y_4}(L)^{z_4}}$$

解出 $x_4=1$，$y_4=1$，$z_4=1$，所以 $\pi_4=\dfrac{\mu}{\rho u l}$。

上述物理过程可表示为
$$\dfrac{F}{\rho u^2 l^2}=f\left(\dfrac{\mu}{\rho u l}\right)$$

进一步变换，得
$$F=f\left(\dfrac{1}{Re}\right)\rho u^2 l^2$$

6.5 弧形闸门闸下出流。现采用模型长度比尺 $\lambda_l=20$ 的模型来研究，试求：(1) 如原型闸门前水深 $H_p=8\text{m}$，模型中相应水深为多少？(2) 如模型中测得的收缩断面平均流速 $v_m=2.3\text{m/s}$，流量 $Q_m=45\text{L/s}$，则原型中的相应流速和流量各为多少？

解：(1) $H_m=\dfrac{H_p}{\lambda_l}=\dfrac{8}{20}=0.4(\text{m})$

(2) 流速比尺： $\lambda_v=\lambda_l^{0.5}=20^{0.5}=4.47$

原型流速： $v_p=v_m\lambda_v=2.3\times 4.47=10.28(\text{m/s})$

流量比尺： $\lambda_Q=\lambda_l^{2.5}=20^{2.5}=1788.85$

原型流量： $Q_p=Q_m\lambda_Q=45\times 1788.85=80.5(\text{m}^3/\text{s})$

第7章 孔口、管嘴和有压管流

7.1 如图 7.1 所示，水流由水箱 A 经孔口流入水箱 B，孔口直径 $d=10\text{cm}$，已知 $H=3.0\text{m}$，水箱 A 水面相对压强 $p=3\text{kPa}$，孔口流量系数 $\mu=0.62$，试计算通过孔口的流量。

解：以水箱 B 水面为基准面，列渐变流断面 1—1 和断面 2—2（图 7.2）间的总流能量方程。

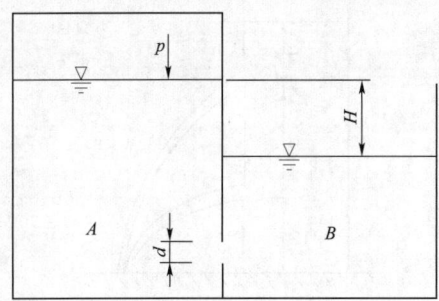

图 7.1 习题 7.1 图

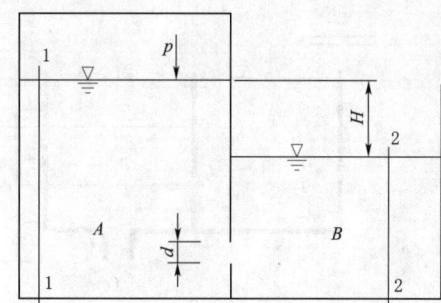

图 7.2 习题 7.1 渐变流断面图

$$z_1+\frac{p_1}{\rho g}+\frac{\alpha_1 v_1^2}{2g}=z_2+\frac{p_2}{\rho g}+\frac{\alpha_2 v_2^2}{2g}+h_w$$

水箱内的水头损失很小，可略去不计，故 h_w 仅为孔口淹没出流的局部损失，即

$$h_w=h_j=(\zeta_0+\zeta_{se})\frac{\alpha_c v_0^2}{2g}$$

式中：v_0 为孔口收缩断面流速。

断面 1—1 和断面 2—2 流速忽略不计，取 $\alpha_1=\alpha_2=1$，则

$$H+\frac{p}{\rho g}+0=0+0+0+(\zeta_0+1)\frac{v_0^2}{2g}$$

$$v_0=\frac{1}{\sqrt{\zeta_0+1}}\sqrt{2g\left(H+\frac{p}{\rho g}\right)}$$

$$Q=\varepsilon v_0 A=\mu A\sqrt{2g\left(H+\frac{p}{\rho g}\right)}=0.62\times\frac{\pi\times 0.1^2}{4}\times\sqrt{2\times 9.8\times\left(3+\frac{3\times 10^3}{10^3\times 9.8}\right)}$$

$$=0.039(\text{m}^3/\text{s})$$

7.2 如图 7.3 所示，水箱分为 A、B 两室，隔墙上设一孔口，$d_1=5\text{cm}$，B 室底部有一圆柱形外延管嘴，$d_2=4\text{cm}$。已知 $H=3.5\text{m}$，$h_3=0.8\text{m}$，试求，在水流恒定时：(1) h_1 和 h_2 的值；(2) 流量的值。

解：水流恒定时，孔口出流量等于管嘴出流量，即 $Q_1=Q_2$。

$$Q_1=\mu_1 A_1 \sqrt{2gh_1}=0.62\times\frac{\pi\times 0.05^2}{4}\times\sqrt{2gh_1}=5.39\times 10^{-3}\sqrt{h_1}$$

$$Q_2=\mu_2 A_2 \sqrt{2g(h_2+h_3)}=0.82\times\frac{\pi\times 0.04^2}{4}\times\sqrt{2g(h_2+h_3)}=4.56\times 10^{-3}\sqrt{h_2+h_3}$$

由题可知，$H=h_1+h_2+h_3=3.5(\text{m})$；$h_3=0.8\text{m}$，联立上两式，得 $h_1=1.46\text{m}$，$h_2=1.24\text{m}$。

流量为 $\qquad Q_1=5.39\times 10^{-3}\sqrt{h_1}=6.51(\text{L/s})$

7.3 如图 7.4 所示，水箱侧壁的同一垂线上开两个孔径相同的薄壁孔口，上孔口与水面的距离为 a，下孔口与地面的距离为 c，试证明满足何种条件时，两孔口的水落在地面同一点。

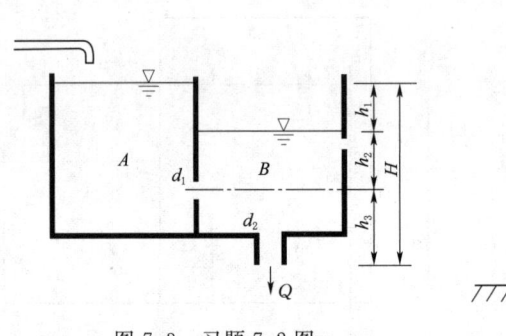

图 7.3 习题 7.2 图　　　　图 7.4 习题 7.3 图

解：上孔口自由出流收缩断面平均流速为 $v_1=\varphi\sqrt{2ga}$

下孔口自由出流收缩断面平均流速为 $v_2=\varphi\sqrt{2g(a+b)}$

利用自由落体定律公式，$h=\frac{1}{2}gt^2$，得

上孔口自由出流落地时间：$t_1=\sqrt{\dfrac{2h}{g}}=\sqrt{\dfrac{2(b+c)}{g}}$

下孔口自由出流落地时间：$t_2=\sqrt{\dfrac{2h}{g}}=\sqrt{\dfrac{2c}{g}}$

上孔口自由出流落地水平距离：$l_1=v_1 t_1=\varphi\sqrt{2ga}\sqrt{\dfrac{2(b+c)}{g}}=\varphi\sqrt{4a(b+c)}$

下孔口自由出流落地水平距离：$l_2=v_2 t_2=\varphi\sqrt{2g(a+b)}\sqrt{\dfrac{2c}{g}}=\varphi\sqrt{4c(a+b)}$

即当 $a=c$ 时，两孔口的水落在地面同一点。

7.4 如图 7.5 所示，密闭容器侧壁上有一薄壁孔口，$d=2\text{cm}$，孔口中心距水面 $H=2\text{m}$，试比较下列三种情况时孔口的流量，(1) 水面压强 $p_0=p_a$；(2) 水面压强 $p_0=0.95p_a$；(3) 水面压强 $p_0=1.05p_a$。

解：由孔口出流流量公式 $Q=\mu A\sqrt{2g\left(H+\dfrac{p_0-p_a}{\rho g}\right)}$，得

(1) 当水面压强 $p_0 = p_a$ 时:

$$Q = \mu A \sqrt{2g\left(H + \frac{p_0 - p_a}{\rho g}\right)} = 0.62 \times \frac{\pi \times 0.02^2}{4} \times \sqrt{2 \times 9.8 \times (2+0)} = 1.22(\text{L/s})$$

(2) 当水面压强 $p_0 = 0.95 p_a$ 时:

$$Q = \mu A \sqrt{2g\left(H + \frac{p_0 - p_a}{\rho g}\right)} = 0.62 \times \frac{\pi \times 0.02^2}{4} \times \sqrt{2 \times 9.8 \times \left(2 + \frac{(0.95-1) \times 98}{9.8}\right)}$$
$$= 1.06(\text{L/s})$$

(3) 当水面压强 $p_0 = 1.05 p_a$ 时:

$$Q = \mu A \sqrt{2g\left(H + \frac{p_0 - p_a}{\rho g}\right)} = 0.62 \times \frac{\pi \times 0.02^2}{4} \times \sqrt{2 \times 9.8 \times \left(2 + \frac{(1.05-1) \times 98}{9.8}\right)}$$
$$= 1.36(\text{L/s})$$

7.5 如图 7.6 所示,两水池用虹吸管连通,上下游水位差 $H = 2\text{m}$,管长 $l_1 = 2\text{m}$,$l_2 = 6\text{m}$,$l_3 = 3\text{m}$,管径 $d = 200\text{mm}$,上游水面至顶部管中心线 $Z = 1.0\text{m}$,沿程损失系数 $\lambda_1 = \lambda_2 = \lambda_3 = 0.025$,进口拦污栅局部损失系数 $\zeta_1 = 6.0$,一个弯头损失系数 $\zeta_2 = 2.0$。(1) 求虹吸管的过流流量;(2) 压强最低点的位置及其真空值。

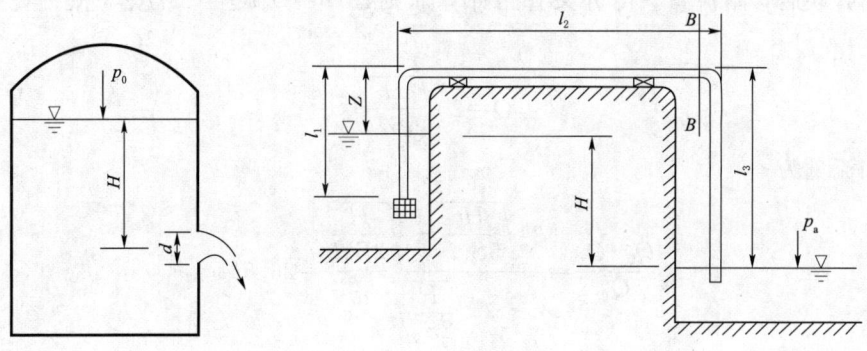

图 7.5 习题 7.4 图　　　　图 7.6 习题 7.5 图

解:(1) 虹吸管流量。

$$\mu_c = \frac{1}{\sqrt{\sum \lambda \frac{l}{d} + \sum \zeta}} = \frac{1}{\sqrt{0.025 \times \frac{2+6+3}{0.2} + 6.0 + 2 \times 2 + 1.0}} = 0.284$$

$$Q = \mu_c A \sqrt{2gH} = 0.284 \times \frac{\pi \times 0.2^2}{4} \times \sqrt{2 \times 9.8 \times 2} = 0.0558(\text{m}^3/\text{s})$$

(2) 虹吸管最大真空压强。

管中流速为

$$v = \frac{Q}{A} = \frac{4Q}{\pi d^2} = \frac{4 \times 0.0558}{3.14 \times 0.2^2} = 1.78(\text{m/s})$$

最大真空压强出现在管道最高和管段最长、第二个弯管前的位置,即图 7.6 中 B—B 断面,以上游水面为基准面,列上游渐变流断面和 B—B 断面间的总流能量方程:

49

$$0+0+0=z+\frac{p_B}{\rho g}+\frac{\alpha v^2}{2g}+h_w$$

$$\frac{p_B}{\rho g}=-z-\frac{\alpha v^2}{2g}-\left(\lambda\frac{l_1+l_2}{d}+\zeta_e+\zeta_1\right)\frac{\alpha v^2}{2g}$$

$$=-1-\left[1+0.025\times\frac{2+6}{0.2}+6+2\right]\times\frac{1.78^2}{2\times 9.8}=-2.62(\text{m})$$

最大真空压强 $p_k=2.62\text{m}$。

7.6 如图 7.7 所示为直径为 d、管长为 $2l$ 的管路，若在管路中间位置并联接出管径管材相同、管长为 l 的管道（虚线所示）。假定上下游水位不变，试问并联后流量增加了多少？

解：（1）并联前管路流量。由 $H=S_0 2l Q_0^2$，得

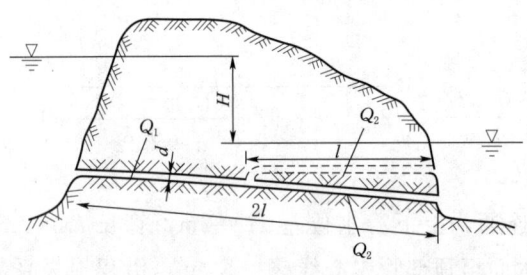

图 7.7 习题 7.6 图

$$Q_0=\sqrt{\frac{H}{2S_0 l}}$$

（2）并联后管路流量。由分叉管路计算原则，$H=S_0 l Q_1^2+S_0 l Q_2^2$，$Q=Q_1=Q_2+Q_2$ 得

$$Q=2\sqrt{\frac{H}{5S_0 l}}$$

增加流量为

$$\frac{Q-Q_0}{Q_0}=\frac{2\sqrt{\dfrac{H}{5S_0 l}}-\sqrt{\dfrac{H}{2S_0 l}}}{\sqrt{\dfrac{H}{2S_0 l}}}=26.5\%$$

7.7 如图 7.8 所示为一串联管路，已知上下游水深 H_1、H_2，管长 $l_1=l_2=l_3=l$，管径 $d_1=1.5d_3$，$d_2=2d_3$，沿程损失系数 $\lambda_1=\lambda_2=\lambda_3=\lambda$，试推导该管路的流量表达式。

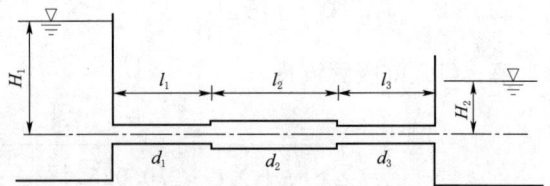

图 7.8 习题 7.7 图

解：（1）按长管计算，不考虑局部水头损失及管中速度头。

$$H_1-H_2=S_{01}l_1 Q^2+S_{02}l_2 Q^2+S_{03}l_3 Q^2$$

$$=\frac{8\lambda}{g\pi^2 d_1^5}l Q^2+\frac{8\lambda}{g\pi^2 d_2^5}l Q^2+\frac{8\lambda}{g\pi^2 d_3^5}l Q^2$$

$$=\frac{8\lambda}{g\pi^2(1.5d_3)^5}l Q^2+\frac{8\lambda}{g\pi^2(2d_3)^5}l Q^2+\frac{8\lambda}{g\pi^2 d_3^5}l Q^2$$

$$=\frac{8\lambda}{\pi^2 d_3^5}\times 1.163\times l Q^2$$

$$Q = \frac{\pi}{4} d_3^2 \sqrt{\frac{2gd_3(H_1-H_2)}{1.163\lambda l}}$$

（2）按短管计算。以管轴心为基准面，列上游、下游竖直渐变流断面间的总流能量方程。

$$H_1 - H_2 = \sum h_f + \sum h_j$$

$$\sum h_f = 1.163\lambda \frac{l}{d_3} \frac{v_3^2}{2g}$$

$$\sum h_j = 0.5 \frac{v_1^2}{2g} + \left(1-\frac{A_1}{A_2}\right)^2 \frac{v_1^2}{2g} + 0.5\left(1-\frac{A_3}{A_2}\right)\frac{v_3^2}{2g} + \frac{v_3^2}{2g} = 0.69\frac{v_1^2}{2g} + 1.375\frac{v_3^2}{2g}$$

由连续性方程得

$$v_1 = \frac{A_3}{A_1} v_3 = \frac{v_3}{1.5^2} = 0.44 v_3$$

$$\sum h_j = 1.51 \frac{v_3^2}{2g}$$

$$H_1 - H_2 = 1.163\lambda \frac{l}{d_3} \frac{v_3^2}{2g} + 1.51 \frac{v_3^2}{2g}$$

$$Q = v_3 \frac{\pi}{4} d_3^2 = \frac{\pi}{4} d_3^2 \sqrt{\frac{2gd_3(H_1-H_2)}{1.163\lambda l + 1.51 d_3}}$$

7.8 一水泵向两水池供水（图7.9），管长及管径分别为 $l_1 = 200\text{m}$，$d_1 = 0.25\text{m}$；$l_2 = 200\text{m}$，$d_2 = 0.20\text{m}$；$l_3 = 150\text{m}$，$d_3 = 0.15\text{m}$，已知供水管为铸铁管（$n = 0.012$），$Z_A = 15\text{m}$，$Z_B = 10\text{m}$，A 池的供水流量 $Q_2 = 0.12\text{m}^3/\text{s}$，求 B 池的供水量 Q_3 及水泵的出口压强（提示：按长管计算，y 为该节点的虚拟测压管水头）。

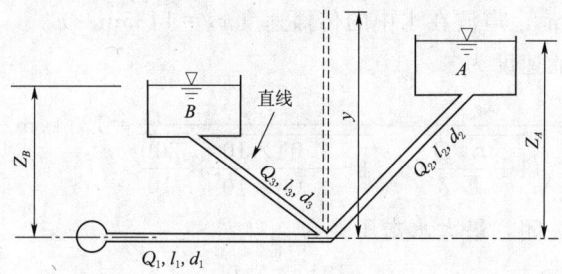

图7.9 习题7.8图

解： 查《水力学》表7.2可得各管的比阻分别为 $S_{01} = 2.41$，$S_{02} = 7.92$，$S_{03} = 36.70$。

（1）B 池的供水量。

$$y - Z_A = S_{02} l_2 Q_2^2$$

$$y = Z_A + S_{02} l_2 Q_2^2 = 15 + 7.92 \times 200 \times 0.12^2 = 37.81(\text{m})$$

$$y - Z_B = S_{03} l_3 Q_3^2$$

$$Q_3 = \sqrt{\frac{y-Z_B}{S_{03} l_3}} = \sqrt{\frac{37.81-10}{36.70 \times 150}} = 0.071(\text{m}^3/\text{s})$$

(2) 水泵出口压强。

$$\frac{p}{\rho g} = S_{01} l_1 Q_1^2 + y = 2.41 \times 200 \times (0.12 + 0.071)^2 + 37.81 = 55.39 (\text{m})$$

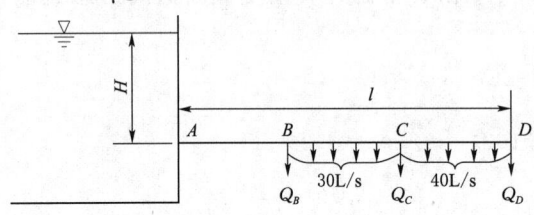

图 7.10 习题 7.9 图

7.9 如图 7.10 所示，有一铸铁管路 $ABCD$，$l_{AB} = l_{BC} = l_{CD} = 500\text{m}$，$d_{AB} = d_{BC} = d_{CD} = 250\text{mm}$；转输流量 $Q_B = 20\text{L/s}$，$Q_C = 45\text{L/s}$，$Q_D = 50\text{L/s}$；BC 段为均匀途泄管路总泄量为 30L/s，CD 段也为均匀途泄管路总泄量为 40L/s，求水池中水头 H。

解：CD 段管道为沿程均匀泄流管段，折算流量为

$$Q_{CD} = Q_D + 0.55 q_{CD} l_{CD} = 50 + 0.55 \times 40 = 72 (\text{L/s})$$

BC 段管道为沿程均匀泄流管段，折算流量为

$$Q_{BC} = Q_C + 0.55 q_{BC} l_{BC} + Q_D + q_{CD} l_{CD} = 45 + 0.55 \times 30 + 50 + 40 = 151.5 (\text{L/s})$$

AB 段管道流量为

$$Q_{AB} = Q_B + Q_C + q_{BC} l_{BC} + Q_D + q_{CD} l_{CD} = 20 + 45 + 30 + 50 + 40 = 185 (\text{L/s})$$

管段比阻 $S_0 = 2.41$；则

$$H = S_0 (l_{AB} Q_{AB}^2 + l_{BC} Q_{BC}^2 + l_{CD} Q_{CD}^2)$$
$$= 2.41 \times 500 \times (0.185^2 + 0.1515^2 + 0.072^2) = 75.15 (\text{m})$$

7.10 某输水钢管，管长 500m，直径 $d = 200\text{mm}$，管壁厚 $\delta = 10\text{mm}$，管中恒定流时流速 $v_0 = 2.0\text{m/s}$，试问若末端阀门突然关闭，最大水击压强为多少？若关闭阀门的时间 $T_s = 2.0\text{s}$，最大水击压强又为多少（水的弹性模量 $E_0 = 2.04 \times 10^5 \text{N/cm}^2$，钢管弹性模量为 $E = 2.06 \times 10^7 \text{N/cm}^2$，声波在水中的传播速度 $c_0 = 1435\text{m/s}$）。

解：水击波的传播速度为

$$c = \frac{c_0}{\sqrt{1 + \frac{E_0}{E} \frac{D}{\delta}}} = \frac{1435}{\sqrt{1 + \frac{2.04 \times 10^5}{2.06 \times 10^7} \times \frac{200}{10}}} = 1311 (\text{m/s})$$

(1) 若阀门突然关闭，最大水击压强为

$$\Delta H = \frac{c v_0}{g} = \frac{1311 \times 2.0}{9.8} = 267.6 (\text{m})$$

(2) 若关闭阀门的时间 $T_s = 2.0\text{s}$，则

$$\Delta H = \frac{v_0}{g} \frac{2l}{T_s} = \frac{2 \times 2 \times 500}{9.8 \times 2} = 102 (\text{m})$$

第8章 明渠恒定流

8.1 一养护良好的土质渠道,梯形断面,足够长,底坡不变 $i=0.001$,底宽 $b=0.8$m,边坡系数 $m=1.5$。当水深 $h=0.6$m 时,通过流量是多少?水温10℃,雷诺数是多少?该水流是层流还是紊流?

解:(1)梯形渠道断面面积为
$$A=(b+mh)h=(0.8+1.5\times0.6)\times0.6=1.02(\text{m}^2)$$

湿周:
$$\chi=b+2h\sqrt{1+m^2}=0.8+2\times0.6\times\sqrt{1+1.5^2}=2.96(\text{m})$$

水力半径:
$$R=\frac{A}{\chi}=\frac{1.02}{2.96}=0.345(\text{m})$$

查《水力学》表5.3,养护良好的土质渠道的糙率 $n=0.025$,则

谢齐系数:
$$C=\frac{1}{n}R^{1/6}=\frac{1}{0.025}\times0.345^{1/6}=33.50(\text{m}^{1/2}/\text{s})$$

流量:
$$Q=AC\sqrt{Ri}=1.02\times33.5\times\sqrt{0.345\times0.001}=0.63(\text{m}^3/\text{s})$$

(2)平均流速:
$$v=\frac{Q}{A}=\frac{0.63}{1.02}=0.62(\text{m/s})$$

当水温为10℃时,黏滞系数 $\nu=1.304\times10^{-6}\text{m}^2/\text{s}$,则
$$Re=\frac{vR}{\nu}=\frac{0.62\times0.345}{1.304\times10^{-6}}=1.64\times10^5>500$$

即水流为紊流。

8.2 一梯形长直渠道(土质为中壤土),底宽 $b=2$m,边坡系数 $m=2.0$,底坡 $i=0.0015$,正常水深 $h_0=0.8$m,粗糙系数 $n=0.025$,通过流量是多少?是否需要衬护?

解: 梯形渠道断面面积为
$$A=(b+mh)h=(2.0+2\times0.8)\times0.8=2.88(\text{m}^2)$$

湿周:
$$\chi=b+2h\sqrt{1+m^2}=2+2\times0.8\times\sqrt{1+2^2}=5.578(\text{m})$$

水力半径:
$$R=\frac{A}{\chi}=\frac{2.88}{5.578}=0.516(\text{m})$$

谢齐系数：
$$C=\frac{1}{n}R^{1/6}=\frac{1}{0.025}\times 0.516^{1/6}=35.8(\text{m}^{1/2}/\text{s})$$

流量：
$$Q=AC\sqrt{Ri}=2.88\times 35.8\times\sqrt{0.516\times 0.0015}=2.87(\text{m}^3/\text{s})$$

平均流速：
$$v=\frac{Q}{A}=\frac{2.87}{2.88}=0.997(\text{m/s})$$

由于 $R=0.516\text{m}\ne 1\text{m}$，则不冲流速为
$$v'=0.75\times R^{1/4}=0.636(\text{m/s})$$

因为 $v>v'$，所以需要衬护。

8.3 铁路路基排水沟，用小片石干砌护面，边坡系数 $m=1.0$，粗糙系数 $n=0.020$，底坡 $i=0.003$，排水沟断面为梯形，按水力最优断面设计，通过流量 $Q=1.2\text{m}^3/\text{s}$，试确定其断面尺寸。

解：根据水力最优断面，则宽深比为
$$\beta_h=\left(\frac{b}{h}\right)_h=2(\sqrt{1+m^2}-m)=2(\sqrt{1+1^2}-1)=0.828,b=0.828h$$

断面面积：
$$A=(b+mh)h=(0.828h+h)h=1.828h^2$$

湿周：
$$\chi=b+2h\sqrt{1+m^2}=0.828h+2h\sqrt{1+1^2}=3.656h$$

因为水力半径 $R=0.5h$，所以
$$Q=AC\sqrt{Ri}=A\frac{1}{n}R^{1/6}R^{1/2}i^{1/2}$$
$$=\frac{A}{n}R^{2/3}i^{1/2}=\frac{1.828h^2}{0.020}(0.5h)^{2/3}(0.003)^{1/2}=3.154h^{8/3}$$

水深：
$$h=\left(\frac{Q}{3.154}\right)^{3/8}=\left(\frac{1.2}{3.154}\right)^{3/8}=0.696(\text{m})$$

底宽：
$$b=0.828h=0.828\times 0.696=0.576(\text{m})$$

校核流速：
$$v=C\sqrt{Ri}=\frac{1}{n}R^{2/3}i^{1/2}=\frac{1}{0.02}\times(0.696/2)^{2/3}0.003^{1/2}=1.355(\text{m/s})$$

由《水力学》表 8.4 可知，不冲允许流速 $v'=3.0\text{m/s}$（取中值），显然 $v<v'$，所以满足不冲条件，该渠道不需要衬护。

8.4 一梯形断面渠道，通过流量 $Q=0.5\text{m}^3/\text{s}$，底宽 $b=0.5\text{m}$，正常水流 $h_0=0.82\text{m}$，边坡系数 $m=1.5$，粗糙系数 $n=0.025$，试设计该渠道的底坡 i。

解：梯形断面面积为

$$A=(b+mh)h=(0.5+1.5\times 0.82)\times 0.82=1.419(\text{m}^2)$$

湿周：
$$\chi=b+2h\sqrt{1+m^2}=0.5+2\times 0.82\times \sqrt{1+1.5^2}=3.457(\text{m})$$

水力半径：
$$R=\frac{A}{\chi}=\frac{1.419}{3.457}=0.41(\text{m})$$

谢齐系数：
$$C=\frac{1}{n}R^{1/6}=\frac{1}{0.025}\times 0.41^{1/6}=34.48(\text{m}^{1/2}/\text{s})$$

根据明渠均匀流基本计算公式得
$$i=\frac{Q^2}{A^2C^2R}=\frac{0.5^2}{1.419^2\times 34.48^2\times 0.41}=0.00025$$

8.5 一梯形渠道，用小片石干砌护面，设计流量 $Q=10.0\text{m}^3/\text{s}$，粗糙系数 $n=0.02$，底坡 $i=0.003$，边坡系数 $m=1.5$，正常水深 $h_0=1.5\text{m}$，试确定渠道的底宽（谢齐系数 C 用曼宁公式计算）。

解：（1）试算图解法。假设一系列底宽，列表 8.1 计算。

表 8.1　　　　　　　　　　　　流　量　计　算　表

b /m	$A=(b+mh)h$ /m^2	$\chi=b+2h\sqrt{1+m^2}$ /m	$R=\dfrac{A}{\chi}$ /m	$C=\dfrac{1}{n}R^{1/6}$ /($\text{m}^{1/2}$/s)	$Q=AC\sqrt{Ri}$ /(m^3/s)
0.4	3.975	5.808	0.684	46.93	8.45
0.5	4.125	5.908	0.698	47.09	8.89
0.6	4.275	6.008	0.712	47.25	9.34
0.7	4.425	6.108	0.724	47.38	9.77
0.8	4.575	6.208	0.737	47.52	10.22

由表 8.1 数据绘 Q-b 的关系曲线如图 8.1 所示，根据已知流量求出图中对应的底宽 $b=0.75\text{m}$。

（2）图解法。
$$K=\frac{Q}{\sqrt{i}}=\frac{10.0}{\sqrt{0.003}}=182.57$$

$$\frac{h_0^{2.67}}{nK}=\frac{1.5^{2.67}}{0.02\times 182.57}=0.81$$

由《水力学》附录 C 在横轴上找到 $\dfrac{h_0^{2.67}}{nK}=0.81$，向下做垂线与 $m=1.5$ 的曲线相交，然后作水平线交纵坐标得 $\dfrac{h_0}{b}=2.05$，则 $b=h_0/2.05=1.5/2.05=0.73(\text{m})$。

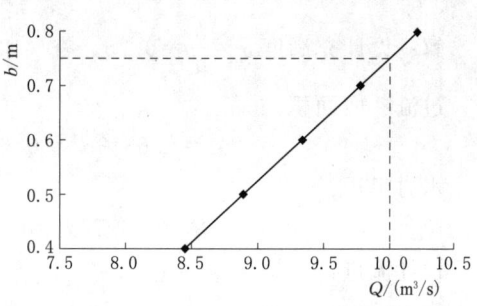

图 8.1　流量与底宽关系图

两种方法计算结果基本一致。

资源 8.1
习题 8.6
解析

8.6 已知一条梯形断面渠道，碎石护面，$n=0.02$，底宽 $b=2.0\mathrm{m}$，$i=0.005$，边坡系数 $m=1.5$，通过流量 $Q=12.5\mathrm{m}^3/\mathrm{s}$，求此时均匀流水深 h_0。

解：（1）试算图解法。假设一系列水深，列表 8.2 进行计算。

表 8.2   流 量 计 算 表

h /m	$A=(b+mh)h$ /m^2	$\chi=b+2h\sqrt{1+m^2}$ /m	$R=\dfrac{A}{\chi}$ /m	$C=\dfrac{1}{n}R^{1/6}$ /$(m^{1/2}/s)$	$Q=AC\sqrt{Ri}$ /(m^3/s)
1.0	3.5	5.606	0.624	46.22	9.04
1.1	4.015	5.966	0.673	46.81	10.90
1.15	4.28	6.146	0.696	47.07	11.88
1.2	4.56	6.327	0.721	47.35	12.96

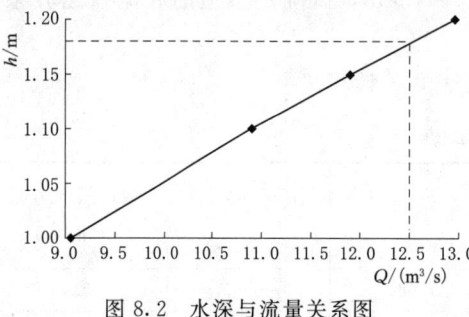

图 8.2 水深与流量关系图

由表 8.2 数据绘制 $Q-h$ 的关系曲线如图 8.2 所示，根据已知流量求出图中对应的正常水深 $h_0=1.18\mathrm{m}$。

（2）图解法。

$$K=\dfrac{Q}{\sqrt{i}}=\dfrac{12.5}{\sqrt{0.005}}=176.78$$

$$\dfrac{b^{2.67}}{nK}=\dfrac{2^{2.67}}{0.02\times176.78}=1.80$$

由《水力学》附录 B 在横轴上找到 $\dfrac{b^{2.67}}{nK}=1.80$，向下做垂线与 $m=1.5$ 的曲线相交，然后作水平线交纵坐标得 $\dfrac{h_0}{b}=0.59$，则 $h_0=0.59b=0.59\times2=1.18(\mathrm{m})$。

两种方法计算结果基本一致。

8.7 有一条高速公路，路基宽 40m，横跨一条排水渠道，该渠道通过流量 $Q=1.8\mathrm{m}^3/\mathrm{s}$，初步设计用管径 $d=1.5\mathrm{m}$ 混凝土管铺设，设计充满度 $\alpha=\dfrac{h}{d}=0.75$，底坡 $i=0.001$，试校核是否满足输水能力的要求。

解：设计充满度 $\alpha=\dfrac{h}{d}=0.75$，查《水力学》表 8.7 可知：

过流断面面积：
$$A=0.6319d^2=0.6319\times1.5^2=1.422(\mathrm{m}^2)$$

水力半径：
$$R=0.3017d=0.3017\times1.5=0.453(\mathrm{m})$$

设计流量：
$$Q=AC\sqrt{Ri}=1.422\times\dfrac{1}{0.014}\times0.453^{2/3}\times0.001^{1/2}=1.895(\mathrm{m}^3/\mathrm{s})$$

满足输水能力要求。

8.8 有一长直排水管,混凝土制作,粗糙系数 $n=0.014$,管径 $d=0.5\text{m}$,按最大充满度考虑,通过流量 $Q=0.3\text{m}^3/\text{s}$,试确定此排水管道的底坡。

解:根据 GB 50014—2021《室外排水设计标准》,排水管管径为 500~900mm 时,最大设计充满度 $\alpha=\dfrac{h}{d}=0.70$,查《水力学》表 8.6 可知:

过流断面面积为
$$A=0.5872d^2=0.5872\times 0.5^2=0.147(\text{m}^2)$$

水力半径:
$$R=0.2962d=0.2962\times 0.5=0.148(\text{m})$$

谢齐系数:
$$C=\frac{1}{n}R^{1/6}=\frac{1}{0.014}\times 0.148^{1/6}=51.95(\text{m}^{1/2}/\text{s})$$

底坡:
$$i=\frac{Q^2}{A^2C^2R}=\frac{0.3^2}{0.147^2\times 51.95^2\times 0.148}=0.0104$$

8.9 由混凝土衬护的长直矩形渠道,$b=2.0\text{m}$,水深 $h=0.7\text{m}$,通过流量 $Q=1.6\text{m}^3/\text{s}$,试判断该水流急流还是缓流。

解:(1) Fr 判断。过流断面平均流速为
$$v=\frac{Q}{bh}=\frac{1.6}{2\times 0.7}=1.143(\text{m/s})$$
$$Fr=\frac{v}{\sqrt{gh_m}}=\frac{1.143}{\sqrt{9.8\times 0.7}}=0.436<1$$

故水流为缓流。

(2) 干扰波波速判断。
$$c=\sqrt{gh}=\sqrt{9.8\times 0.7}=2.62(\text{m/s})$$
$$v=1.143\text{m/s}<c$$

故水流为缓流。

(3) 临界水深判断。
$$h_K=\sqrt[3]{\frac{\alpha Q^2}{gb^2}}=\sqrt[3]{\frac{1.6^2}{9.8\times 2.0^2}}=0.403(\text{m})<h=0.7\text{m}$$

故水流为缓流。

8.10 有一条人工河道,长直且平顺,过水断面为梯形,已知底宽 $b=4.5\text{m}$,粗糙系数 $n=0.025$,底坡 $i=0.001$,边坡系数 $m=2.0$,通过流量 $Q=50\text{m}^3/\text{s}$。试判断在恒定流情况下的水流是急流、缓流,还是临界流。

解:(1) 用试算-图解法求出临界水深 h_K。设水深为一系列值,计算 A、B、$\dfrac{A^3}{B}$,列表 8.3 进行计算。

表 8.3 　　　　　　　A、B、$\dfrac{A^3}{B}$ 计算表

h/m	$A=(b+mh)h/\text{m}^2$	$B=b+2mh/\text{m}$	A^3/B
1.7	13.43	11.3	214.36
1.8	14.58	11.7	264.90
1.9	15.77	12.1	324.12

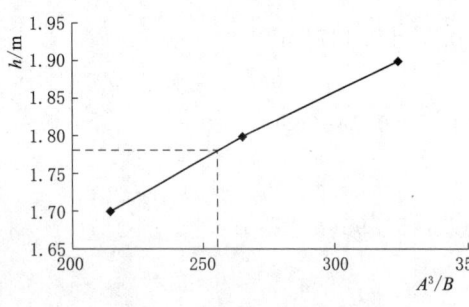

图 8.3　临界水深试算图解图

由表 8.3 数据绘制 $\dfrac{A^3}{B}-h$ 的关系曲线如图 8.3 所示，根据临界流方程，$\dfrac{A_K^3}{B_K}=\dfrac{\alpha Q^2}{g}=\dfrac{50^2}{9.8}=255.1$，求出图中对应的临界水深 $h_K=1.782\text{m}$。

（2）临界底坡判断。

$$A_K=(b+mh_K)h_K=(4.5+2.0\times1.782)\times1.782=14.37(\text{m}^2)$$

$$B_K=b+2mh_K=4.5+2\times2.0\times1.782=11.628(\text{m})$$

$$\chi_K=b+2h_K\sqrt{1+m^2}=4.5+2\times1.782\times\sqrt{1+2.0^2}=12.47(\text{m})$$

$$R_K=\dfrac{A_K}{\chi_K}=1.15(\text{m})$$

$$C_K=\dfrac{1}{n}R_K^{1/6}=\dfrac{1}{0.025}\times1.15^{1/6}=40.94(\text{m}^{1/2}/\text{s})$$

$$i_K=\dfrac{gA_K}{\alpha C_K^2 R_K B_K}=\dfrac{9.8\times14.37}{40.94^2\times1.15\times11.628}=0.0063>i=0.001$$

水流为缓流。

（3）正常水深判断。

$$K=\dfrac{Q}{\sqrt{i}}=\dfrac{50}{\sqrt{0.001}}=1581(\text{m}^3/\text{s})$$

$$\dfrac{b^{2.67}}{nK}=\dfrac{4.5^{2.67}}{0.025\times1581}=1.4$$

由《水力学》附录 B 在横轴上 $\dfrac{b^{2.67}}{nK}=1.4$，向下做垂线与 $m=2.0$ 的曲线相交，然后作水平线交纵坐标，得 $h_0/b=0.62$，则 $h_0=0.62b=0.62\times4.5=2.79(\text{m})>h_K=1.782\text{m}$，故水流为缓流。

8.11　矩形断面排水沟，渠宽 $b=4\text{m}$，粗糙系数 $n=0.02$，通过流量 $Q=30\text{m}^3/\text{s}$，若底坡 $i=0.005$，求临界水深，临界底坡，并确定 $N-N$ 线与 $K-K$ 线的相对位置。

解：（1）矩形断面临界水深：

$$h_K=\sqrt[3]{\dfrac{\alpha Q^2}{gb^2}}=\sqrt[3]{\dfrac{30^2}{9.8\times4.0^2}}=1.79(\text{m})$$

(2) 临界底坡：
$$A_K = bh_K = 4.0 \times 1.79 = 7.16(\text{m}^2)$$
$$\chi_K = b + 2h_K = 4.0 + 2 \times 1.79 = 7.58(\text{m})$$
$$R_K = \frac{A_K}{\chi_K} = 0.945(\text{m})$$
$$C_K = \frac{1}{n}R_K^{1/6} = \frac{1}{0.02} \times 0.945^{1/6} = 49.53(\text{m}^{1/2}/\text{s})$$
$$i_K = \frac{gA_K}{\alpha C_K^2 R_K B_K} = \frac{9.8 \times 7.16}{49.53^2 \times 0.945 \times 4} = 0.0076$$

(3) 正常水深
$$K = \frac{Q}{\sqrt{i}} = \frac{30}{\sqrt{0.005}} = 424.26(\text{m}^3/\text{s})$$
$$\frac{b^{2.67}}{nK} = \frac{4.0^{2.67}}{0.02 \times 424.26} = 4.77$$

由《水力学》附录 B 在横轴上 $\frac{b^{2.67}}{nK} = 4.77$，向下做垂线与 $m = 0.0$ 的曲线相交，然后作水平线交纵坐标，得 $h_0/b = 0.52$，则 $h_0 = 0.65b = 0.65 \times 4.0 = 2.6(\text{m}) > h_K = 1.79\text{m}$，故水流为缓流。

N—N 线位于 K—K 线上方 $2.6 - 1.79 = 0.81(\text{m})$。

8.12 如图 8.4 所示长直棱柱形渠道，n 不变，试定性绘出可能出现的水面曲线类型。

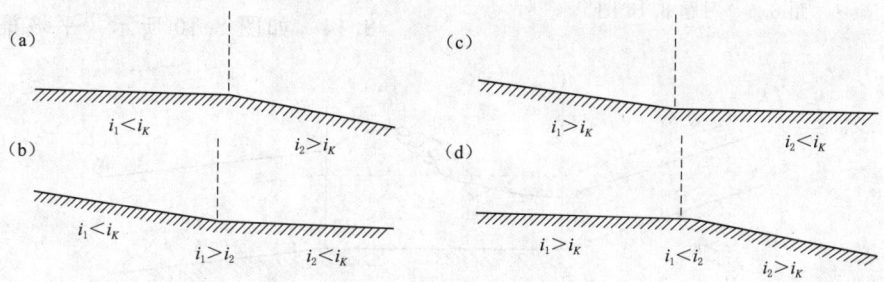

图 8.4 习题 8.12 图

解：水面曲线图解如图 8.5 所示。

8.13 如图 8.6 所示，三段底坡不同的棱柱形渠道，三段渠道的断面形状尺寸相同，前后两段渠道均足够长，$i_1 > i_K$，$i_2 < i_K$，中间渠道长度为 l，试分析水面曲线可能出现的类型（分析时，中间渠道长度可长可短，分不同情况考虑）。

解：为便于分析，记上游段、中段交界面为 1—1，中段、下游段交界面为 2—2。上游段渠道均匀流为急流，下游渠段均匀流为缓流。

如果中间渠道长度 l 足够长，则在渠段内出现缓流。水流由急流过渡为缓流，将发生水跃。跃前水面曲线为 c_0 型，跃后水面为 b_0 型，水面曲线如图 8.7 所示。

如果中间渠道长度 l 适中，则发生淹没式水跃，始于断面 1—1 前，跃后出现 b_0 型水

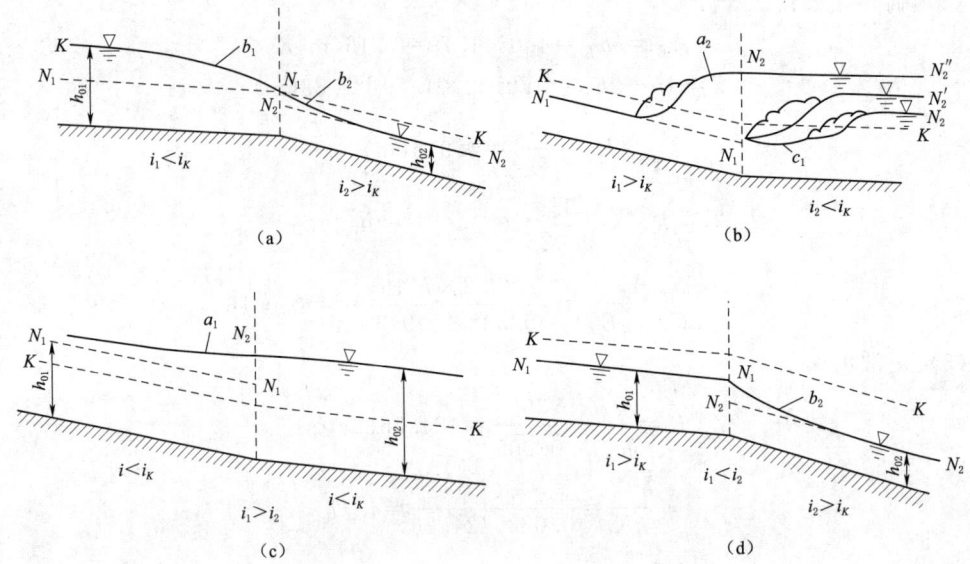

图 8.5 习题 8.12 水面曲线图解

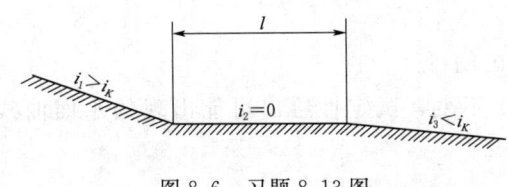

图 8.6 习题 8.13 图

面曲线,水面曲线如图 8.8 所示。

如果中间渠道长度 l 非常短,则发生远驱式水跃,跃前水面曲线仍为 c_0 型,但跃后位置位于断面 2—2 下游,跃后水深为 h_{03},水面曲线如图 8.9 所示。

8.14 如图 8.10 所示,平坡渠道与陡

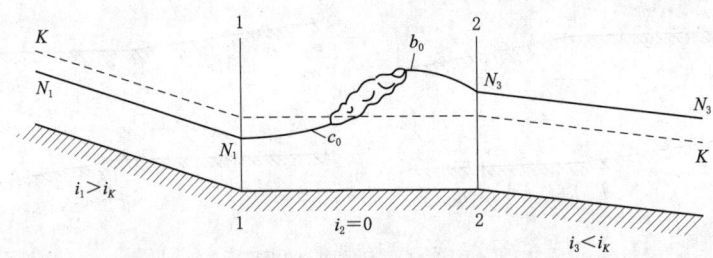

图 8.7 水面曲线图解(中间渠道长度 l 足够长)

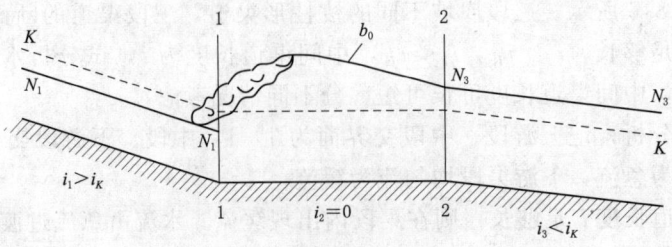

图 8.8 水面曲线图解(中间渠道长度 l 适中)

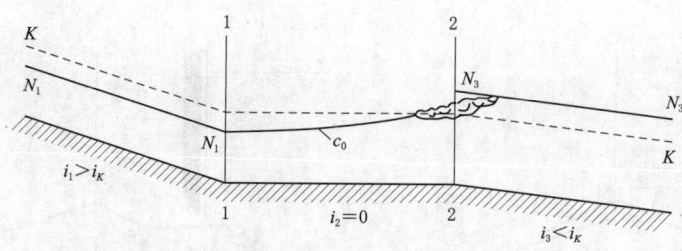

图 8.9 水面曲线图解（中间渠道长度 l 非常短）

坡渠道相接，平坡渠道尾部设有一平板闸门，其闸孔开度 e 小于渠道的临界水深，闸门距渠道底坡转折处的长度为 l，试分析闸门下游可能出现的水面曲线及衔接形式。

解： 上游段为平坡，仅有临界水深 $K—K$ 线，可以认为其正常水深 h_{01} 为无限大。下游段为陡坡，其正常水深 h_{02} 小于临界水深。

闸下出流为急流。如果平坡段长度 l 足够长，则在平坡段出现缓流。水流从急流过渡为缓流，将发生水跃。跃前水面曲线属 c_0 型，跃后的降水曲线属 b_0 型。上、下游段交界处的水深为临界水深。下游段水面曲线属 b_2 型，水面曲线如图 8.11 所示。

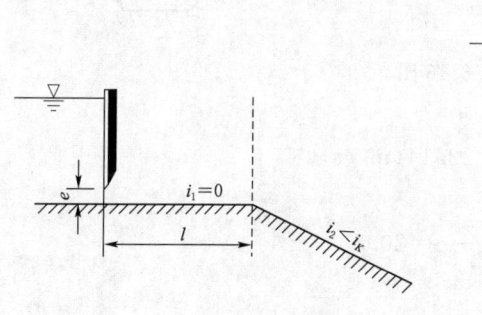

图 8.10 习题 8.14 图

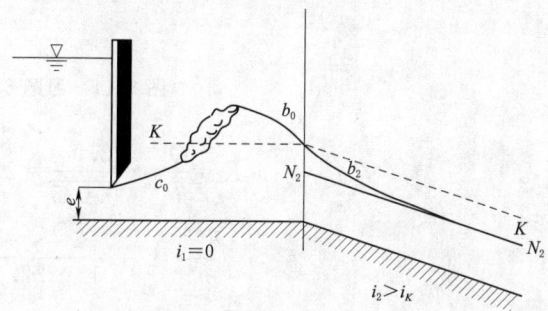

图 8.11 水面曲线图解（平坡段长度 l 足够长）

如果平坡段长度 l 较短，平坡段尚未形成缓流，则不会出现水跃。此时，平坡段出现 c_0 型水面曲线。在上、下游段交界处，水深介于临界水深 h_c 和下游段正常水深 h_{02} 之间。下游段出现 b_2 型水面曲线，水面曲线如图 8.12 所示。

如果平坡段长度 l 极短，且出现一种临界情况，即上、下游段交界处的水深等于下游段的正常水深 h_{02}，下游段水深为 h_{02}，不出现 b_2 型水面曲线，水面曲线如图 8.13 所示。

8.15 如图 8.14 所示为一引水陡渠，矩形断面，混凝土衬护，通过流量 $Q=3.5\text{m}^3/\text{s}$，$b=2\text{m}$，底坡 $i=0.025$，渠长 15m，用分段求和法计算并绘出水面曲线（相对误差 $<1\%$）。

解：（1）计算临界水深。由 $h_K=\sqrt[3]{\dfrac{\alpha Q^2}{gb^2}}$ 得引水陡渠的临界水深 $h_K=\sqrt[3]{\dfrac{\alpha Q^2}{gb^2}}=\sqrt[3]{\dfrac{1\times 3.5^2}{9.8\times 2^2}}=0.67(\text{m})$

（2）计算均匀流水深。

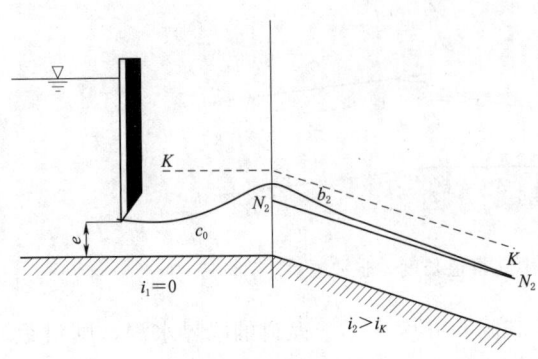
图 8.12 水面曲线图解（平坡段长度 l 较短）

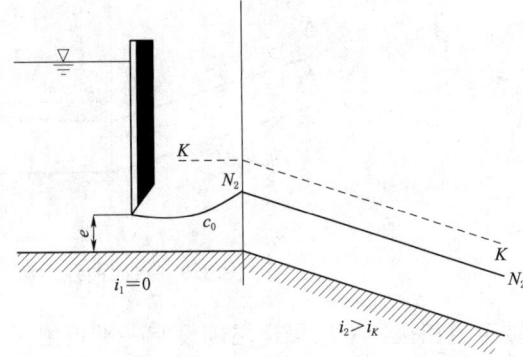
图 8.13 水面曲线图解（平坡段长度 l 极短）

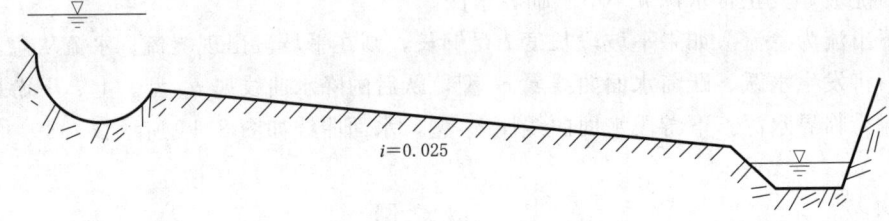
图 8.14 习题 8.15 图

$$K = \frac{Q}{\sqrt{i}} = \frac{3.5}{\sqrt{0.025}} = 22.14 (\text{m}^3/\text{s})$$

$$\frac{b^{2.67}}{nk} = \frac{2^{2.67}}{0.014 \times 22.14} = 20.53$$

查《水力学》附录 B 得 $\dfrac{h_0}{b} = 0.19$ 则

$$h_0 = 0.19b = 0.19 \times 2 = 0.38(\text{m})$$

（3）计算水面线。因为 $h_K > h_0$，所以判断明渠水流为急流。由于下游水深小，所以水面曲线应为 b_2 型降水曲线。计算时下游水深取略大于正常水深 h_0，即取 $h = 1.01 h_0 = 1.01 \times 0.38 = 0.384(\text{m})$。所以下游水深 $h_1 = 0.384\text{m}$，为已知的起始断面水深。

已知起始断面水深 $h_1 = 0.384\text{m}$，设第二断面水深 h_2 为 0.388m，计算 Δs。

$$A_1 = bh_1 = 2 \times 0.384 = 0.768(\text{m}^2)$$
$$A_2 = bh_2 = 2 \times 0.388 = 0.776(\text{m}^2)$$
$$\chi_1 = b + 2h_1 = 2 + 2 \times 0.384 = 2.768(\text{m})$$
$$\chi_2 = b + 2h_2 = 2 + 2 \times 0.388 = 2.776(\text{m})$$
$$R_1 = \frac{A_1}{\chi_1} = \frac{0.768}{2.768} = 0.277(\text{m})$$
$$R_2 = \frac{A_2}{\chi_2} = \frac{0.776}{2.776} = 0.280(\text{m})$$

$$C_1 = \frac{1}{n}R_1^{1/6} = \frac{0.277^{1/6}}{0.014} = 57.686(\text{m}^{1/2}/\text{s})$$

$$C_2 = \frac{1}{n}R_2^{1/6} = \frac{0.28^{1/6}}{0.014} = 57.758(\text{m}^{1/2}/\text{s})$$

$$\overline{C} = (C_1 + C_2)/2 = \frac{57.686 + 57.758}{2} = 57.722(\text{m}^{1/2}/\text{s})$$

$$v_1 = Q/A_1 = \frac{3.5}{0.768} = 4.557(\text{m/s})$$

$$v_2 = Q/A_2 = \frac{3.5}{0.776} = 4.510(\text{m/s})$$

$$\overline{v} = (v_1 + v_2)/2 = \frac{4.557 + 4.51}{2} = 4.534(\text{m/s})$$

$$\overline{J} = \frac{\overline{v}^2}{\overline{C}^2 \overline{R}} = \frac{4.534^2}{57.722^2 \times 0.278} = 0.0222$$

$$\Delta E_s = \left(h_1 + \frac{v_1^2}{2g}\right) - \left(h_2 + \frac{v_2^2}{2g}\right) = \left(0.384 + \frac{4.557^2}{2 \times 9.8}\right) - \left(0.388 + \frac{4.51^2}{2 \times 9.8}\right) = 0.018(\text{m})$$

$$\Delta s = \frac{\Delta E_s}{i - \overline{J}} = \frac{0.018}{0.014 - 0.0222} = 6.228(\text{m})$$

其余各断面水深计算相同，列表8.4进行计算。

表 8.4　　　　　　　　　　分段求和法各断面间距计算表

断面	h/m	A/m²	v/(m/s)	$\overline{v}$/(m/s)	E_s/m	ΔE_s/m	χ/m	R/m	$\overline{R}$	C/(m$^{1/2}$/s)	$\overline{C}$/(m$^{1/2}$/s)	$\overline{J}$	$i-\overline{J}$	ΔS/m	S
1	0.384	0.768	4.557	4.534	1.444	0.018	2.768	0.277	0.278	57.686	57.722	0.0222	0.0028	6.228	0
2	0.388	0.776	4.510		1.426		2.776	0.280		57.758					6.228
3	0.392	0.784	4.464	4.487	1.409	0.017	2.784	0.282	0.281	57.829	57.794	0.0215	0.0035	4.859	11.087
4	0.396	0.792	4.419	4.442	1.392	0.016	2.792	0.284	0.283	57.899	57.864	0.0208	0.0042	3.959	15.046

依据表8.4数据画出水面曲线，如图8.15所示。

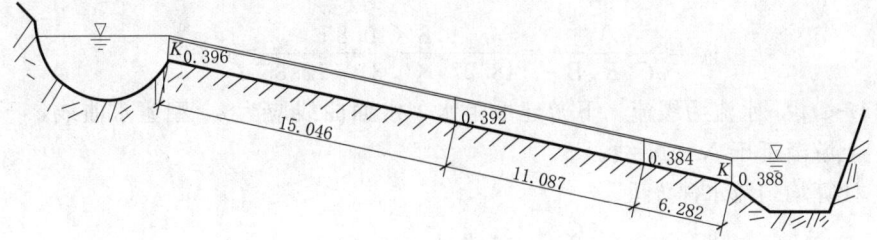

图 8.15　水面曲线图解

8.16　如图8.16所示，有一条顺直小河，过流断面为梯形，底宽 $b=10\text{m}$，边坡系数 $m=1.5$，底坡 $i=0.003$，粗糙系数 $n=0.02$，流量 $Q=31.2\text{m}^3/\text{s}$，其下游建有一个低堰，堰高 $P_1=2.73\text{m}$，堰上水头 $H=1.27\text{m}$，用分段求和法计算水面曲线并绘图（要求：上

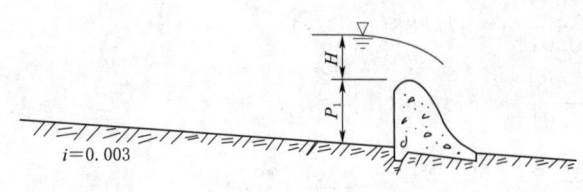

图 8.16　习题 8.16 图

游水深计算到 $h=1.01h_0$，至少分四段）。

解：（1）判断渠道水流流态及水面曲线的类型。用试算-图解法求出临界水深 h_K。设水深为一系列值，计算 A、B、$\dfrac{A^3}{B}$，列表 8.5 计算。

表 8.5　　　　　　　　　A、B、$\dfrac{A^3}{B}$ 计算表

h/m	$A=(b+mh)h/\text{m}^2$	$B=b+2mh/\text{m}$	A^3/B
0.9	10.215	12.7	83.93
0.95	10.85	12.85	99.50
1.00	11.5	13.0	116.99

由表 8.5 数据绘制 $\dfrac{A^3}{B}-h$ 的关系曲线如图 8.17 所示，根据临界流方程，$\dfrac{A_K^3}{B_K}=\dfrac{\alpha Q^2}{g}=\dfrac{31.2^2}{9.8}=99.33$，求出图中对应的临界水深 $h_K=0.9495\text{m}$。

$A_K=(b+mh_K)h_K$
$=(10+1.5\times0.9495)\times0.9495$
$=10.85(\text{m}^2)$

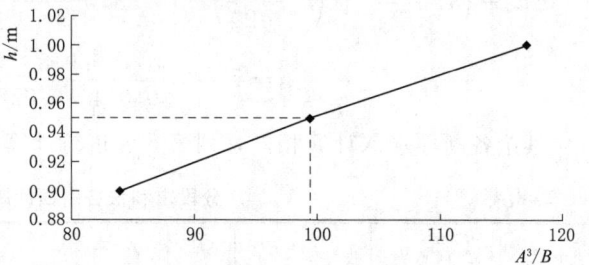

图 8.17　临界水深试算图解图

$$B_K=b+2mh_K=10+2\times1.5\times0.9495=12.85(\text{m})$$

$$\chi_K=b+2h_K\sqrt{1+m^2}=10+2\times0.95\times\sqrt{1+1.5^2}=13.43(\text{m})$$

$$R_K=\frac{A_K}{\chi_K}=0.81(\text{m})$$

$$C_K=\frac{1}{n}R_K^{1/6}=\frac{1}{0.02}\times0.81^{1/6}=48.27(\text{m}^{1/2}/\text{s})$$

$$i_K=\frac{gA_K}{\alpha C_K^2 R_K B_K}=\frac{9.8\times10.85}{48.27^2\times0.81\times12.85}=0.004$$

由于 $i<i_K$，水流为缓流。下游建堰阻水，水面曲线应为 a_1 型壅水曲线，下游为堰前水深，上游渐近于 $N-N$ 线。

（2）计算均匀流水深 h_0。

$$K=\frac{Q}{\sqrt{i}}=\frac{31.2}{\sqrt{0.003}}=569.63(\text{m}^3/\text{s})$$

$$\frac{b^{2.67}}{nK}=\frac{10^{2.67}}{0.02\times569.63}=41.06$$

由《水力学》附录 B 在横轴上 $\dfrac{b^{2.67}}{nK}=41.06$，向上做垂线与 $m=1.5$ 的曲线相交，然

后作水平线交纵坐标,得 $h_0/b=0.105$,则 $h_0=0.105b=0.105\times10=1.05(\text{m})$。

上游水深计算得 $h=1.01h_0=1.01\times1.05=1.06(\text{m})$。

(3) 计算水面线。从下游向上游推算。取堰前水深 $h_1=P+H=2.73+1.27=4.0(\text{m})$ 为控制断面,假设第一个上游断面水深 $h_2=3.5\text{m}$,计算 ΔS。

$$A_1=(b+mh_1)h_1=(10+1.5\times4)\times4=64(\text{m}^2)$$

$$A_2=(b+mh_2)h_2=(10+1.5\times3.5)\times3.5=53.37(\text{m}^2)$$

$$\chi_1=b+2h_1\sqrt{1+m^2}=10+2\times4\times\sqrt{1+1.5^2}=24.42(\text{m})$$

$$\chi_2=b+2h_2\sqrt{1+m^2}=10+2\times3.5\times\sqrt{1+1.5^2}=22.62(\text{m})$$

$$R_1=A_1/\chi_1=64/24.42=2.62(\text{m})$$

$$R_2=A_2/\chi_2=53.37/22.62=2.36(\text{m})$$

$$\overline{R}=(R_1+R_2)/2=(2.62+2.36)/2=2.49(\text{m})$$

$$C_1=\frac{1}{n}R_1^{1/6}=\frac{1}{0.02}\times2.62^{1/6}=58.71(\text{m}^{1/2}/\text{s})$$

$$C_2=\frac{1}{n}R_2^{1/6}=\frac{1}{0.02}\times2.36^{1/6}=57.69(\text{m}^{1/2}/\text{s})$$

$$\overline{C}=(C_1+C_2)/2=(58.71+57.69)/2=58.20(\text{m}^{1/2}/\text{s})$$

$$v_1=Q/A_1=31.2/64=0.4875(\text{m/s})$$

$$v_2=Q/A_2=31.2/53.37=0.5845(\text{m/s})$$

$$\overline{v}=(v_1+v_2)/2=(0.4875+0.5845)/2=0.536(\text{m/s})$$

$$\overline{J}=\frac{\overline{V}^2}{\overline{C}^2\overline{R}}=\frac{0.536^2}{58.2^2\times2.49}=3.41\times10^{-5}$$

$$\Delta E_s=\left(h_1+\frac{v_1^2}{2g}\right)-\left(h_2+\frac{v_2^2}{2g}\right)=\left(4+\frac{0.4875^2}{2\times9.8}\right)-\left(3.5+\frac{0.5845^2}{2\times9.8}\right)=0.495(\text{m})$$

$$\Delta S=\frac{\Delta E_s}{i-\overline{J}}=\frac{0.495}{0.003-0.0000341}=166.67(\text{m})$$

其余各级计算相同,列表 8.6 进行计算。

表 8.6　　　　　　　　　分段求和法各断面间距计算表

断面	h/m	A/m²	v/(m/s)	$\overline{v}$/(m/s)	E_s/m	ΔE_s/m	χ/m	R/m	$\overline{R}$	C/(m^{1/2}/s)	$\overline{C}$/(m^{1/2}/s)	$\overline{J}$/(×10^{-5})	$i-\overline{J}$	ΔS/m	S
1	4	64	0.4875	0.536	4.012	0.495	24.42	2.62	2.49	58.71	58.2	3.41	0.00297	166.67	0
2	3.5	53.37	0.5845	0.651	3.517	0.491	22.62	2.36	2.22	57.69	57.11	5.84	0.00294	167.01	166.67
3	3	43.5	0.7172	0.812	3.026	0.484	20.82	2.09	1.95	56.53	55.86	10.85	0.00289	167.47	333.68
4	2.5	34.375	0.9076	1.054	2.542	0.468	19.01	1.81	1.66	55.18	54.37	22.64	0.00277	168.95	501.15
5	2	26	1.2	1.449	2.073	0.426	17.21	1.51	1.35	53.56	52.52	56.31	0.00244	174.59	670.10
6	1.5	18.375	1.698	2.119	1.647	0.258	15.41	1.19	1.04	51.49	50.26	170.79	0.00129	200.00	844.69
7	1.06	12.285	2.54		1.389		13.82	0.89		49.03					1044.69

壅水水面曲线如图 8.18 所示

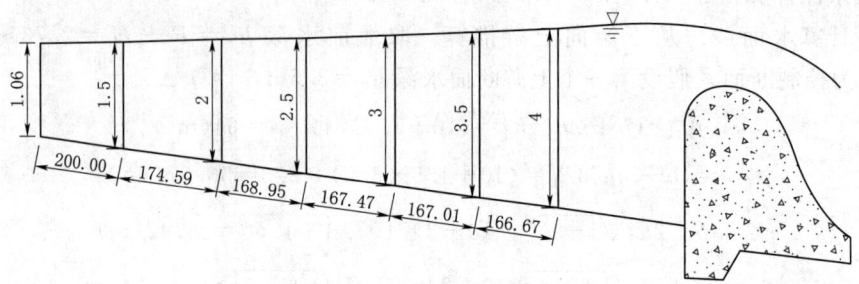

图 8.18　壅水水面曲线图（单位：m）

第9章 水 跃

9.1 一长直棱柱形渠道,梯形断面,底宽 $b=5.0$m,边坡系数 $m=1.5$。流量 $Q=25$m³/s,有水跃发生,已知跃后水深 $h_2=3.0$m,求跃前水深 h_1。

解:(1)计算水跃函数 $\theta(h_2)$ 值。跃后过流断面为

$$A_2=(b+mh_2)h_2=(5+1.5\times3.0)\times3.0=28.5(\text{m}^2)$$

$$y_{c2}=\frac{h_2}{6}\frac{3b+2mb}{b+mh_2}=\frac{3.0}{6}\times\frac{3\times5+2\times1.5\times5}{5+1.5\times3.0}=1.58(\text{m})$$

$$\theta(h_2)=\frac{Q^2}{gA_2}+A_2 y_{c2}=\frac{25^2}{9.8\times28.5}+28.5\times1.58=47.27(\text{m}^3)$$

(2)列表9.1计算 $\theta(h_1)$。

表 9.1　　　　　　　　　共轭水深及其函数值计算表

h_1 /m	A_1 /m²	$y_{c1}=\dfrac{h_1}{6}\dfrac{3b+2mb}{b+mh_1}$ /m	Ay_{c1} /m³	$\dfrac{Q^2}{gA_1}$ /m³	$\theta(h_1)$ /m³
0.4	2.24	0.357	0.8	28.47	29.27
0.3	1.635	0.275	0.45	39.01	39.46
0.2	1.06	0.189	0.2	60.16	60.37

(3)据以上数据绘出 $\theta(h)$-h 关系曲线,如图9.1所示。

由 $\theta(h_1)=\theta(h_2)$ 得,跃前水深 $h_1=0.26$m。

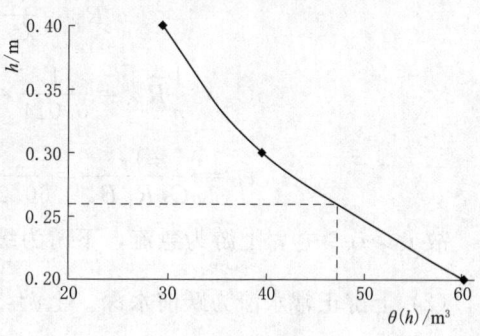

图 9.1　跃前水深求解图

9.2 一长直棱柱形渠道,矩形断面,底宽 $b=5.0$m,流量 $Q=50$m³/s,底坡 $i=0.005$,粗糙系数 $n=0.014$。已知跃前水深 $h_1=0.5$m,试计算跃后水深 h_2,并判断水跃形式。

解:(1)跃后水深。长直棱柱体矩形渠道:

$$A_1=bh_1=5\times0.5=2.5(\text{m})$$

跃前流速:

$$v_1=\frac{Q}{A_1}=\frac{50}{2.5}=20(\text{m/s})$$

$$Fr_1^2 = \frac{v_1^2}{gh_1} = \frac{20^2}{9.8 \times 0.5} = 81.63$$

跃后水深：
$$h_2 = \frac{h_1}{2}(\sqrt{1+8Fr_1^2}-1) = \frac{0.5}{2} \times (\sqrt{1+8 \times 81.63}-1) = 6.14(\text{m})$$

（2）下游正常水深。
$$K = \frac{Q}{\sqrt{i}} = \frac{50}{\sqrt{0.005}} = 707.11$$

$$\frac{b^{2.67}}{nK} = \frac{5^{2.67}}{0.014 \times 707.11} = 7.42$$

由《水力学》附录 B 在横轴上 $\frac{b^{2.67}}{nK} = 7.42$，向下做垂线与 $m=0$ 的曲线相交，然后作水平线交纵坐标，得 $h_0/b = 0.39$，则 $h_0 = 0.39b = 0.39 \times 5 = 1.95(\text{m}) < h_2 = 6.14\text{m}$，发生远驱式水跃。

9.3 有两段矩形断面渠道相连，通过流量 $Q = 2.6\text{m}^3/\text{s}$，底宽 $b=2\text{m}$，混凝土衬护，粗糙系数 $n=0.014$，$i_1=0.012$，$i_2=0.0008$，这两段渠道是否为水跃衔接？若是水跃衔接，是何种形式水跃？计算确定水跃发生的位置。

解：（1）矩形断面临界水深：$h_K = \sqrt[3]{\frac{\alpha Q^2}{gb^2}} = \sqrt[3]{\frac{2.6^2}{9.8 \times 2.0^2}} = 0.56(\text{m})$

计算临界底坡：
$$A_K = bh_K = 2.0 \times 0.56 = 1.12(\text{m}^2)$$
$$\chi_K = b + 2h_K = 2.0 + 2 \times 0.56 = 3.12(\text{m})$$
$$R_K = \frac{A_K}{\chi_K} = 0.359(\text{m})$$
$$C_K = \frac{1}{n}R_K^{1/6} = \frac{1}{0.014} \times 0.359^{1/6} = 60.22(\text{m}^{1/2}/\text{s})$$
$$i_K = \frac{gA_K}{\alpha C_K^2 R_K B_K} = \frac{9.8 \times 1.12}{60.22^2 \times 0.359 \times 2.0} = 0.0042$$

故 $i_1 > i_K > i_2$，上游为急流，下游为缓流，会出现水跃。

（2）上游正常水深为跃前水深。上游：$K_1 = \frac{Q}{\sqrt{i_1}} = \frac{2.6}{\sqrt{0.012}} = 23.73$

$$\frac{b^{2.67}}{nK_1} = \frac{2^{2.67}}{0.014 \times 23.73} = 19.16$$

由《水力学》附录 B 在横轴上 $\frac{b^{2.67}}{nK_1} = 19.16$，向上做垂线与 $m=0$ 的曲线相交，然后作水平线交纵坐标，得 $h_{01}/b = 0.187$，则 $h_{01} = 0.187b = 0.187 \times 2 = 0.374(\text{m}) < h_K = 0.56\text{m}$。

（3）跃后水深。跃前流速为

第9章 水 跃

$$v_1 = \frac{Q}{A_1} = \frac{2.6}{2 \times 0.374} = 3.48 (\text{m/s})$$

$$Fr_1^2 = \frac{v_1^2}{gh_{01}} = \frac{3.48^2}{9.8 \times 0.374} = 3.3$$

跃后水深：

$$h_2 = \frac{h_{01}}{2}(\sqrt{1+8Fr_1^2}-1) = \frac{0.374}{2} \times (\sqrt{1+8 \times 3.3}-1) = 0.792(\text{m})$$

（4）下游正常水深。

$$K_2 = \frac{Q}{\sqrt{i_2}} = \frac{2.6}{\sqrt{0.0008}} = 91.92$$

$$\frac{b_1^{2.67}}{nK_2} = \frac{2^{2.67}}{0.014 \times 91.92} = 4.946$$

由《水力学》附录 B 在横轴上 $\frac{b^{2.67}}{nK_1} = 4.946$，向上做垂线与 $m=0$ 的曲线相交，然后作水平线交纵坐标，得 $h_t/b = 0.52$，则 $h_t = 0.52b = 0.52 \times 2 = 1.04(\text{m}) > h_2 = 0.792\text{m}$，发生淹没式水跃。

第10章 堰流及闸孔出流

10.1 待测流量 $Q=3.0\text{m}^3/\text{s}$，堰高 $P_1=0.6\text{m}$，下游水深 $h_t=0.5\text{m}$，堰上水头控制在 0.63m 以下，试设计无侧收缩矩形薄壁堰的宽度 b。

解：设堰上水头 $H=0.6\text{m}$，代入巴赞公式：

$$m_0=\left(0.405+\frac{0.0027}{H}\right)\left[1+0.55\times\left(\frac{H}{H+P_1}\right)^2\right]=0.4658$$

由堰流公式 $Q=m_0 b\sqrt{2g}H^{3/2}$，得

$$b=Q/(m_0\sqrt{2g}H^{3/2})=3.0/(0.4658\times\sqrt{2\times 9.8}\times 0.6^{3/2})=3.13>2.0\text{m}$$

不符合巴赞公式的适用范围，且巴赞公式适用范围堰宽最大值为2m时，堰上水头 H 将超过 0.63m，不符合题意。

采用布雷克公式，其适用范围为 $0.024\text{m}\leqslant H\leqslant 0.6\text{m}$，故 $H=0.6\text{m}$，得

$$m_0=0.403+0.053\frac{H}{P_1}+\frac{0.0007}{H}=0.4572$$

$$b=Q/(m_0\sqrt{2g}H^{3/2})=3.0/(0.4572\times\sqrt{2\times 9.8}\times 0.6^{3/2})=3.189$$

符合其适用范围。故，设计无侧收缩矩形薄壁堰的宽度 $b=3.189\text{m}$。

10.2 一个矩形断面水槽末端设有薄壁堰，水舌下缘通气，用来量测流量，$B=b=2.0\text{m}$，堰高 $P_1=P_2=0.5\text{m}$，(1) 当堰上水头 $H=0.2\text{m}$，求水槽中流量。(2) 当堰上水头 $H=0.1\text{m}$，求水槽中流量。

解：根据薄壁堰流量公式 $Q=m_0 b\sqrt{2g}H^{3/2}$ 计算水槽中流量。

(1) 流量系数 m_0 根据巴赞公式计算：

$$m_0=\left(0.405+\frac{0.0027}{H}\right)\left[1+0.55\times\left(\frac{H}{H+P_1}\right)^2\right]=\left(0.405+\frac{0.0027}{0.2}\right)\left[1+0.55\times\left(\frac{0.2}{0.2+0.5}\right)^2\right]$$
$$=0.437$$

$$Q=m_0 b\sqrt{2g}H^{3/2}=0.437\times 2.0\times\sqrt{2\times 9.8}\times 0.2^{3/2}=0.346(\text{m}^3/\text{s})$$

(2) 由于堰上水头 $H=0.1\text{m}$，流量系数 m_0 根据雷布克公式计算：

$$m_0=0.403+0.053\frac{H}{P_1}+\frac{0.0007}{H}=0.403+0.053\times\frac{0.1}{0.5}+\frac{0.0007}{0.1}=0.421$$

$$Q=m_0 b\sqrt{2g}H^{3/2}=0.421\times 2.0\times\sqrt{2\times 9.8}\times 0.1^{3/2}=0.118(\text{m}^3/\text{s})$$

10.3 有一个三角形薄壁堰，$\theta=90°$，堰上水头 $H=0.12\text{m}$，自由出流，求通过流量。若流量增加一倍，求堰上水头 H。

解：根据直角三角堰流量公式，得

$$Q=1.4H^{2.5}=1.4\times 0.12^{2.5}=6.98(\text{L/s})$$

若流量增加一倍，$Q=13.96$L/s，则堰上水头为
$$H=\sqrt[2.5]{Q/1.4}=\sqrt[2.5]{13.96\times10^{-3}/1.4}=0.158(\mathrm{m})$$

10.4 如图10.1所示，一个矩形直角进口无侧收缩宽顶堰，堰宽 $b=3.5$m，堰高 $P_1=P_2=0.5$m，堰上游水深 $h_{01}=1.2$m，下游水深 $h_{02}=0.6$m，求通过的流量。

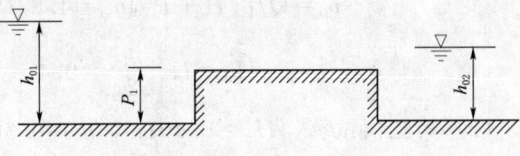

图10.1 习题10.4图

解： 堰上水头为
$$H=h_{01}-P_1=1.2-0.5=0.7(\mathrm{m})$$
$h_s=h_{02}-P_2=0.6-0.5=0.1(\mathrm{m})<0.8H=0.56$m，故宽顶堰流为自由出流。
$$\frac{P_1}{H}=\frac{0.5}{0.7}=0.714<3$$

（1）第一次试算。
$$m=0.32+0.01\times\frac{3-\dfrac{P_1}{H}}{0.46+0.75\dfrac{P_1}{H}}=0.32+0.01\times\frac{3-\dfrac{0.5}{0.7}}{0.46+0.75\times\dfrac{0.5}{0.7}}=0.343$$

因为 H_0 未知，用 H 代替 H_0，
$$Q=mb\sqrt{2g}H_0^{3/2}=0.343\times3.5\times\sqrt{2\times9.8}\times0.7^{3/2}=3.113(\mathrm{m}^3/\mathrm{s})$$
$$v_0=Q/[(H+P_1)b]=3.113/[(0.7+0.5)\times3.5]=0.741(\mathrm{m/s})$$
$$H_0=H+\frac{v_0^2}{2g}=0.7+\frac{0.741^2}{2\times9.8}=0.728(\mathrm{m})$$

（2）第二次试算，假设 $H_0=0.728$m，$m=0.343$，则
$$Q_2=mb\sqrt{2g}H_0^{3/2}=0.343\times3.5\times\sqrt{19.6}\times0.728^{3/2}=3.30(\mathrm{m}^3/\mathrm{s})$$
$$v_0=Q_2/[(H+P_1)b]=3.30/[(0.7+0.5)\times3.5]=0.786(\mathrm{m/s})$$
$$H_0=H+\frac{v_0^2}{2g}=0.7+\frac{0.786^2}{2g}=0.732(\mathrm{m})$$

（3）第三次试算，$H_0=0.732$m，则
$$Q_3=mb\sqrt{2g}H_0^{3/2}=0.343\times3.5\times\sqrt{19.6}\times0.732^{3/2}=3.329(\mathrm{m}^3/\mathrm{s})$$

（4）计算精度：
$$\Delta=\left|\frac{Q_3-Q_2}{Q_3}\right|=\left|\frac{3.329-3.30}{3.30}\right|=0.0088<0.05$$

已满足精度要求，最后结果 $Q=3.329\mathrm{m}^3/\mathrm{s}$。

10.5 一个圆角进口无侧收缩宽顶堰，堰高 $P_1=P_2=2.0$m，堰上水头限制在0.4m以下，通过流量 $Q=4.0\mathrm{m}^3/\mathrm{s}$，求宽顶堰宽度 b。若不形成淹没出流，下游水深最大为多少？

解： 堰上水头 $H=0.4$m，$P_1/H=2.0/0.4=5.0>3$，堰顶为圆角进口，$m=0.36$，并假设为自由出流。

(1) 第一次试算，先设定 $H=H_0$。
$$b=Q/(m\sqrt{2g}H_0^{3/2})=4/(0.36\times\sqrt{2\times9.8}\times0.4^{3/2})=9.92(\text{m})$$
$$v_0=Q/[(H+P_1)b]=4.0/(2.4\times9.92)=0.168(\text{m/s})$$
$$H_0=H+\frac{v_0^2}{2g}=0.4+\frac{0.168^2}{2\times9.8}=0.401(\text{m})$$

(2) 第二次试算，$H_0=0.401\text{m}$，$m=0.36$。
$$b_2=Q/(m\sqrt{2g}H_0^{3/2})=4/(0.36\times\sqrt{2\times9.8}\times0.401^{3/2})=9.88(\text{m})$$
$$\Delta=\left|\frac{b_2-b_1}{b_2}\right|=\left|\frac{9.88-9.92}{9.88}\right|=0.004<0.05$$

满足精度要求，堰宽 $b=9.88\text{m}$。

(3) 若不形成淹没出流，$h_s<0.8H_0=0.32\text{m}$，下游水深最大为
$$h_2=h_s+P_2=0.32+2.0=2.32(\text{m})$$

10.6 某河中拟修建一单孔溢流坝，坝剖面按 WES 剖面设计。已知：筑坝处河底高程 $\nabla_1=10.20\text{m}$，坝顶高程 $\nabla_2=16.20\text{m}$，上游设计水位 $\nabla_3=18.70\text{m}$，下游水位 $\nabla_4=14.50\text{m}$，坝上游河宽 $B=15.0\text{m}$，边墩头部为半圆形，当上游水位为设计水位时，通过流量 $Q=80\text{m}^3/\text{s}$，试设计坝顶的宽度 b 是多少？

解： 上游堰高： $P_1=\nabla_2-\nabla_1=16.20-10.20=6.0(\text{m})$
堰上水头： $H=\nabla_3-\nabla_2=18.7-16.20=2.5(\text{m})$
下游水深： $h_t=\nabla_4-\nabla_1=14.5-10.20=4.3(\text{m})$
$h_s=h_t-P_1=4.3-6.0=-1.7(\text{m})<0$，出流为自由出流。
行近流速：
$$v_0=Q/[(H+P)B]=80/[(2.5+6)\times15]=0.627(\text{m/s})$$
堰上全水头：
$$H_0=H+\frac{v_0^2}{2g}=2.5+\frac{0.627^2}{2\times9.8}=2.52(\text{m})$$

根据实用堰的基本公式 $Q=\varepsilon mb\sqrt{2g}H_0^{3/2}$，侧收缩系数为
$$\varepsilon=1-2[K_a+(n-1)K_p]\frac{H_0}{nb'},K_a=0.1$$
$$\varepsilon=1-2[0.1+(1-1)K_p]\frac{H_0}{b'}=1-\frac{2\times0.1\times2.52}{b}$$

将 $\frac{H_0}{H_d}=\frac{2.52}{2.5}=1.008$，$\frac{P_1}{H_d}=\frac{6}{2.5}=2.4>1.33$，流量系数 $m=0.502$，代入实用堰公式：
$$80=\left(1-\frac{2\times0.1\times2.52}{b}\right)\times1\times0.502\times b\times\sqrt{2\times9.8}\times2.52^{3/2}$$

设计坝顶的宽度 $b=9.502\text{m}$。

10.7 有一平底水闸，采用平板闸门，已知：渠道与闸门同宽，即 $B=b=6.0\text{m}$，闸门开度 $e=1.0\text{m}$，闸前水深 $H=4.0\text{m}$，为闸孔自由出流，试求通过流量。

解：根据闸孔出流流量公式 $Q=\mu be\sqrt{2gH_0}$，流量系数 μ 采用南京水利科学研究所的经验公式计算：

$$\mu=0.60-0.176e/H=0.6-0.176\times 1/4=0.556$$

（1）第一次试算，设 $H_0=H=4.0$m。

$$Q=\mu be\sqrt{2gH_0}=0.556\times 6\times 1\times\sqrt{2\times 9.8\times 4}=29.54(\text{m}^3/\text{s})$$

$$v_0=Q/(Hb)=29.54/(4\times 6)=1.231(\text{m/s})$$

$$H_0=H+\frac{v_0^2}{2g}=4+\frac{1.231^2}{2\times 9.8}=4.077(\text{m})$$

（2）第二次试算，$H_0=4.077$m。

$$Q=\mu be\sqrt{2gH_0}=0.556\times 6\times 1\times\sqrt{2\times 9.8\times 4.077}=29.82(\text{m}^3/\text{s})$$

$$v_0=Q/(Hb)=29.82/(4\times 6)=1.243(\text{m/s})$$

$$H_0=H+\frac{v_0^2}{2g}=4+\frac{1.243^2}{2\times 9.8}=4.079(\text{m})$$

（3）第三次试算，$H_0=4.079$m。

$$Q=\mu be\sqrt{2gH_0}=0.556\times 6\times 1\times\sqrt{2\times 9.8\times 4.079}=29.83(\text{m}^3/\text{s})$$

（4）计算精度。

$$\Delta=\left|\frac{Q_3-Q_2}{Q_3}\right|=\left|\frac{29.83-29.82}{29.83}\right|=0.0003<0.05$$

已满足精度要求，闸孔自由出流流量 $Q=29.83\text{m}^3/\text{s}$。

10.8 如图 10.2 所示，某一滚水坝，采用 WES 剖面设计，设计水头 $H_d=4.0$m，坝顶装有弧形闸门，门轴高 $a=4.0$m，闸门半径 $R=6.0$m，闸孔净宽 $b=5.0$m。试求当坝上游水头 $H=3.0$m，闸门开度 $e=0.9$m 时的流量。

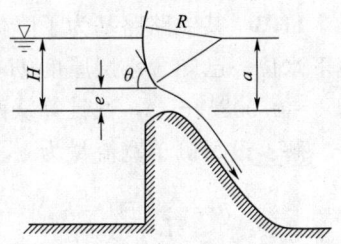

图 10.2　习题 10.8 图

解：根据曲线形实用堰顶弧形闸门的流量公式 $Q=\mu be\sqrt{2gH}$，$\frac{e}{H}=\frac{0.9}{3}=0.3$，查《水力学》表 10.6，弧形闸门流量系数 $\mu=0.638$，则

$$Q=\mu be\sqrt{2gH}=0.638\times 5\times 0.9\times\sqrt{2\times 9.8\times 3}=22.02(\text{m}^3/\text{s})$$

第 11 章 渗 流

11.1 在实验室中用达西实验装置测定某土样的渗透系数时,已知圆筒直径 $D=20\text{cm}$,两测压管间距 $l=40\text{cm}$,两测压管的水头差 $H_1-H_2=20\text{cm}$,经过一昼夜测得渗透水量为 0.024m^3,试求该土样的渗透系数 k。

解: 水力坡度为
$$J=\frac{H_1-H_2}{l}=\frac{20}{40}=0.5$$

根据达西定律 $Q=kJA$,渗透系数为
$$k=\frac{Q}{JA}=\frac{0.024}{0.5\times\pi/4\times 0.2^2}=1.53\text{m/d}=1.77\times 10^{-3}(\text{cm/s})$$

11.2 已知渐变渗流浸润线在某一过水断面上的坡度为 0.005,渗透系数为 0.004cm/s,试求过水断面上的点渗流流速及断面平均流速。

解: 点渗流流速为
$$u=kJ=0.004\times 0.005=0.2\times 10^{-4}(\text{cm/s})$$

由于渐变渗流断面上渗流流速是均匀分布的,断面平均流速 $v=u=0.2\times 10^{-4}\text{cm/s}$。

11.3 某铁路路基为了降低地下水位,在路基侧边设置集水廊道(称为渗沟)以降低地下水位。已知含水层厚度 $H=2\text{m}$,渗沟中水深 $h=0.3\text{m}$,两侧土为亚砂土,渗透系数为 $k=0.0025\text{cm/s}$,试计算从两侧流入 100m 长渗沟的流量。

解: 设每侧单宽流量为 q,由平坡渐变渗流公式得
$$q=\frac{k}{2L}(H^2-h_0^2)=\frac{0.0025\times 10^{-2}}{2\times 80}\times(2^2-0.3^2)=0.86\times 10^{-6}(\text{m}^2/\text{s})$$

总渗流量为
$$Q=2lq=2\times 100\times 0.86\times 10^{-6}=1.72\times 10^{-4}\text{m}^3/\text{s}$$

11.4 某处地质剖面如图 11.1 所示。河道左岸为透水层,其渗透系数为 0.002cm/s,不透水层底坡坡度为 0.005。距离河道 1000m 处的地下水深为 2.5m。现在该河修建一水库,修建前河中水深为 1m;修建后河中水位抬高了 10m,设距离 1000m 处的原地下水位仍保持不变。试计算建库前和建库后的单宽渗流量。

解: (1) 建库前。$i>0$,$h_1=2.5\text{m}>h_2=1.0\text{m}$,为顺坡降水曲线,由地下水向河道渗流,求解正常水深 h_0。

$$\frac{i}{h_0}l=\eta_2-\eta_1+\ln\frac{\eta_2-1}{\eta_1-1}$$

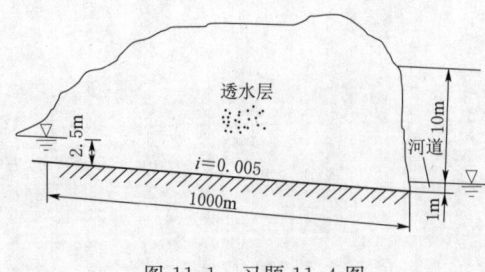

图 11.1 习题 11.4 图

因 $\eta_2 = \dfrac{h_2}{h_0}$，$\eta_1 = \dfrac{h_1}{h_0}$，上式可改写为

$$il - h_2 + h_1 = h_0 \ln \dfrac{h_2 - h_0}{h_1 - h_0} \tag{1}$$

将 $h_1 = 2.5\text{m}$，$h_2 = 1\text{m}$，$i = 0.005$ 代入式（1），得

$$h_0 \ln \dfrac{h_2 - h_0}{h_1 - h_0} = 0.005 \times 1000 - 1.0 + 2.5 = 6.5 (\text{m})$$

对上式进行试算或采用二分法进行数值计算得 $h_0 = 2.64\text{m}$，代入矩形断面河道单宽流量公式：

$$q = kih_0 = 0.002 \times 10^{-2} \times 0.005 \times 2.64 = 2.64 \times 10^{-7} (\text{m}^2/\text{s})$$

（2）建库后。由河道向地下水渗流，$i = -0.005$，$h_2 = 2.5\text{m} < h_1 = 11\text{m}$，为逆坡降水曲线。为了计算逆坡渗流，虚拟一个底坡为 $|i| = 0.005$ 的均匀渗流，为顺坡壅水曲线。

将 $h_1' = 2.5\text{m}$，$h_2' = 11\text{m}$，$|i| = 0.005$ 代入式（1），得

$$h_0 \ln \dfrac{h_1' - h_0}{h_2' - h_0} = 0.005 \times 1000 - 11 + 2.5 = -3.5 (\text{m})$$

对上式进行试算或采用二分法进行数值计算得 $h_0 = 1.53\text{m}$，代入矩形断面河道单宽流量公式：

$$q = kih_0 = 0.002 \times 10^{-2} \times 0.005 \times 1.53 = 1.53 \times 10^{-7} (\text{m}^2/\text{s})$$

11.5 某均质土坝建于水平不透水地基上，如图 11.2 所示。坝高为 17m，上游水深 $H_1 = 15\text{m}$，下游水深 $H_2 = 2\text{m}$，上游边坡系数 $m_1 = 3$，下游边坡系数 $m_2 = 2$，坝顶宽 $b = 6\text{m}$，坝身土的渗透系数 $k = 0.001\text{cm/s}$。试计算坝身的单宽渗流量并绘出浸润线。

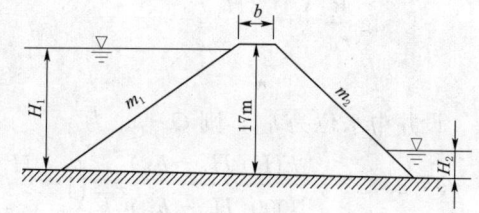

图 11.2 习题 11.5 图

解： 根据《水力学》式（11.36），上游端单宽渗流量为

$$q = \dfrac{k[H_1^2 - (a_0 + H_2)^2]}{2[L + \Delta L - m_2(a_0 + H_2)]}$$

其中，$k = 0.001\text{cm/s}$，$H_1 = 15\text{m}$，$H_2 = 2\text{m}$，则

$$L = (17 - H_1)m_1 + b + 17m_2 = 2 \times 3 + 6 + 17 \times 2 = 46 (\text{m})$$

$$\Delta L = \dfrac{m_1}{1 + 2m_1} H_1 = \dfrac{3}{1 + 2 \times 3} \times 15 = 6.43 (\text{m})$$

$$q = \dfrac{k[H_1^2 - (a_0 + H_2)^2]}{2[L + \Delta L - m_2(a_0 + H_2)]} = \dfrac{0.001 \times 10^{-2} \times [15^2 - (a_0 + 2)^2]}{2[46 + 6.43 - 2(a_0 + 2)]} \tag{1}$$

根据《水力学》式（11.39），下游单宽渗流量为

$$q = \dfrac{ka_0}{m_2}\left(1 + \ln \dfrac{a_0 + H_2}{a_0}\right) = \dfrac{0.001 \times 10^{-2} \times a_0}{2} \times \left(1 + \ln \dfrac{a_0 + 2}{a_0}\right) \tag{2}$$

联立求解式（1）和式（2）可得 $q = 2.35 \times 10^{-5} \text{m}^2/\text{s}$，$a_0 = 3.16\text{m}$。

根据《水力学》式（11.40），浸润线方程为

$$y^2 = H_1^2 - \frac{2q}{k}x = 15^2 - 4.7x$$

11.6 对承压井进行抽水试验确定土的渗透系数时，在距离井轴分别为 10m 和 30m 处各钻一观测孔，当承压井抽水后，两个观测孔中水位分别下降了 42cm 和 20cm。承压井含水层厚度为 6m，稳定抽水流量为 $24\text{m}^3/\text{h}$，求土的渗透系数。

解：根据《水力学》承压井公式（11.65），得

$$z - h = 0.37 \frac{Q}{kt} \lg \frac{r}{r_0}$$

土的渗透系数为

$$k = 0.37 \frac{Q}{(z-h)t} \lg \frac{r}{r_0} = 0.37 \times \frac{24/3600}{(0.42-0.2) \times 6} \lg \frac{30}{10} = 8.92 \times 10^{-4} (\text{m/s})$$

11.7 某工地欲打一完全普通井取水，已测得不透水层为平底，井的半径 $r_0 = 0.15\text{m}$，含水层厚度为 $H_0 = 6\text{m}$，土为细砂，实测渗透系数 $k = 0.001\text{cm/s}$。试计算当井中水深 h_0 不小于 2m 时的最大出水量，并算出井中水位与出水量的关系。

解：影响半径由《水力学》式（11.60）可得

$$R = 3000S\sqrt{k} = 3000 \times (6-2) \times \sqrt{0.001 \times 10^{-2}} = 37.94 (\text{m})$$

最大出水量由《水力学》式（11.58）可得

$$Q = 2.732 \frac{kH_0 S}{\lg \frac{R}{r_0}} \left(1 - \frac{S}{2H_0}\right) = 2.732 \times \frac{0.001 \times 10^{-2} \times 6 \times 4}{\lg \frac{37.94}{0.15}} \times \left(1 - \frac{4}{2 \times 6}\right) = 1.82 \times 10^{-4} (\text{m}^3/\text{s})$$

设井中水位为 h_0，则 $Q - h_0$ 为

$$Q = 2.732 \frac{kH_0(H_0 - h_0)}{\lg \frac{3000(H_0 - h_0)\sqrt{k}}{r_0}} \left(1 - \frac{H_0 - h_0}{2H_0}\right) = \frac{1.64 \times 10^{-4}}{\lg 63.25(6 - h_0)} \left(0.5 - \frac{h_0}{12}\right)(6 - h_0)$$

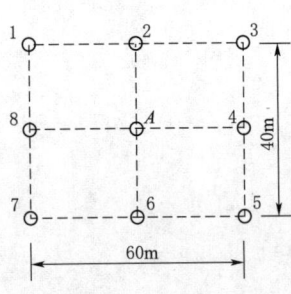

图 11.3 习题 11.8 图

11.8 如图 11.3 所示，为降低基坑中的地下水位，在长方形基坑长 60m，宽 40m 的周线上布置 8 眼完全普通井，各井抽水流量相同，井群总抽水量为 $Q_0 = 40\text{L/s}$，含水层厚度 $H = 10\text{m}$，渗透系数 $k = 0.01\text{cm/s}$，井群的影响半径为 500m。试求基坑中心点 O 的地下水位下降高度。若将上述 8 个井布置在面积为 2400m^2 的圆周上，试求圆周中心点的地下水位下降高度。

解：(1) 基坑 A 点的地下水位。各井到 A 点的距离为

$$r_k = \sqrt{30^2 + 20^2} = 36.1 (\text{m})$$

$$z^2 = H^2 - \frac{Q_0}{\pi k}\left[\ln R - \frac{1}{n}\ln(r_1 r_2 r_3 \cdots r_n)\right]$$

$$= 10^2 - \frac{4 \times 10^{-3}}{3.14 \times 0.01 \times 10^{-2}}\left[\ln 500 - \frac{1}{8}\ln(36.1^8)\right] = 66.57 (\text{m}^2)$$

则 $$z=8.16\text{m}$$
地下水位下降高度为
$$H-z=10-8.16=1.84(\text{m})$$

(2) 若 8 个井布置在面积为 2400m^2 的圆周上，则 A 点到各井的距离 $r_\text{k}=\sqrt{\dfrac{2400}{3.14}}=27.65(\text{m})$，则

$$\begin{aligned}z^2&=H^2-\dfrac{Q_0}{\pi k}\left[\ln R-\dfrac{1}{n}\ln(r_1r_2r_3\cdots r_n)\right]\\&=10^2-\dfrac{4\times10^{-3}}{3.14\times0.01\times10^{-2}}\left[\ln500-\dfrac{1}{8}\ln(27.65^8)\right]=63.12(\text{m}^2)\end{aligned}$$

则 $$z=7.94\text{m}$$
地下水的下降高度为
$$H-z=10-7.94=2.06(\text{m})$$

11.9 某闸的剖面如图 11.4 所示。现已绘出流网，并已知渗透系数 $k=0.002\text{cm/s}$，已知 $H_1=18\text{m}$，$H_2=4\text{m}$，闸底板厚 2m。试求单宽渗流量，并求出 B 点的压强水头。

解：由《水力学》式（11.77）可得单宽渗流量：

$$q=\dfrac{m-1}{n-1}k(H_1-H_2)$$

由图 11.4 可知，流线数 $m=6$，等势线数 $n=13$，$k=0.002\text{cm/s}$，则

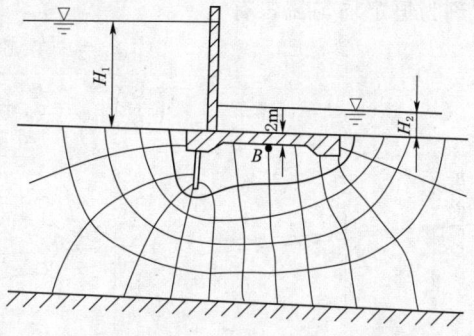

图 11.4 习题 11.9 图

$$q=\dfrac{6-1}{13-1}\times0.002\times10^{-2}\times(18-4)=1.17\times10^{-4}(\text{m}^2/\text{s})$$

由《水力学》式（11.80）可得 B 点压强水头：

$$\dfrac{p}{\rho g}=(H_1+y)-(i-1)\Delta H$$

将 $y_B=2\text{m}$，$\Delta H=\dfrac{H_1-H_2}{n-1}=\dfrac{18-4}{12}=1.17(\text{m})$，$i=8$ 代入上式得

$$\dfrac{p}{\rho g}=(H_1+y_B)-(i-1)\Delta H=(18+2)-(8-1)\times1.17=11.81(\text{m})$$

第12章 明渠非恒定流

12.1 一条通航运河，其断面近似于矩形，平均河宽为40m，河中水流作均匀流时水深为2.4m，平均流速为0.6m/s，运河出口与某湖泊相连，假设从某时刻开始湖泊水位以0.4m/h的速度逐渐升高，在忽略运河底坡以及水流摩阻力影响的情况下，试求：(1) 距离湖泊2km远处的运河 A 断面水位抬高0.5m所需时间；(2) 距离湖泊3km远处的运河 B 断面经过0.8h时间后水位抬高多少？

解：

(1) 如图12.1所示，设河道出口断面为起始断面（$s_1=0$），向上游为正方向。初始时刻为恒定均匀流，有

$$v_0 = -0.6\text{m/s}, \quad h_0 = 2.4\text{m}$$

$$\left(\frac{\mathrm{d}s}{\mathrm{d}t}\right)_{t=0} = v_0 + \sqrt{gh_0} = 4.25(\text{m/s})$$

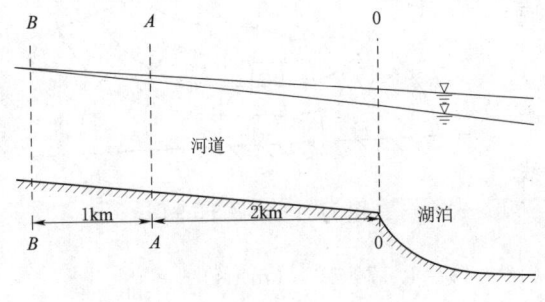

图12.1 河湖相连示意图

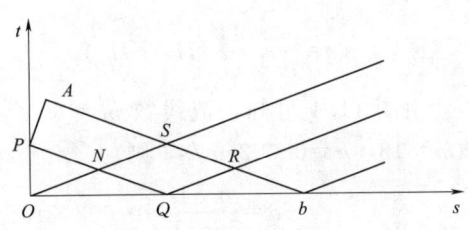

图12.2 特征线示意图

特征线示意图如图12.2所示，对 A 点，有

$$s_A = 2000\text{m}, \quad h_A = 2.4 + 0.5 = 2.9(\text{m}), \quad \sqrt{gh_A} = 5.33\text{m/s}$$

PA 为一顺特征线，由于可以忽略底坡和阻力的影响，因此可假设 $i=0$，$J_f = \dfrac{v^2}{C^2 R} = 0$。因此，对 P、A 两点，有

$$\mathrm{d}(v + 2\sqrt{gh}) = 0$$

$$v_P + 2\sqrt{gh_P} = v_A + 2\sqrt{gh_A}$$

同理，对 P、N 两点，有

$$v_P - 2\sqrt{gh_P} = v_N - 2\sqrt{gh_N} = v_0 - 2\sqrt{gh_0}$$

同理，在过 A 点的逆特征线上，满足

$$v_A - 2\sqrt{gh_A} = v_0 - 2\sqrt{gh_0}$$

故

$$v_P - 2\sqrt{gh_P} = v_A - 2\sqrt{gh_A}$$

即

$$v_P = v_A, h_P = h_A$$

所以

$$s_P = 0, t_P = \frac{\Delta h}{0.4} = 1.25(h) = 4500s$$

$$h_P = h_A = 2.9m, v_P = v_0 - 2\sqrt{gh_0} + 2\sqrt{gh_P} = 0.36(m/s)$$

PA 特征线的斜率为

$$\left(\frac{ds}{dt}\right)_{t=4500} = v_P + \sqrt{gh_P} = 0.36 + \sqrt{9.8 \times 2.9} = 5.69(m/s)$$

所以

$$t_A = t_P + s_A \Big/ \left(\frac{ds}{dt}\right)_{t=4500} = 4500 + \frac{2000}{5.69} = 4851.49(s)$$

(2) 解题思路与 (1) 类似，如图 12.3 所示，对 B 点，有

$$s_B = 3000m, t_B = 0.8h = 2880s$$

对 Q 点和 B 点，有

$$v_Q = v_B, h_Q = h_B$$

$$\left(\frac{ds}{dt}\right)_{t=2880} = v_0 + \sqrt{gh_0} = 4.25(m/s)$$

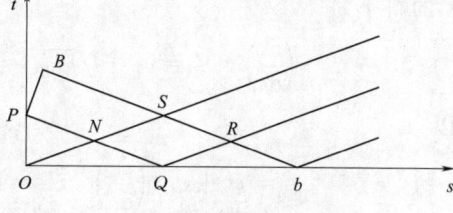

图 12.3 特征线示意图

$$t_Q = t_B - s_B \Big/ \left(\frac{ds}{dt}\right)_{t=2880} = 2174.12(s) = 0.6h$$

所以

$$\Delta h_B = 0.4 t_Q = 0.24(m)$$

12.2 某电站尾水渠为矩形断面（图 12.4），恒定流时渠道入口断面的水深 $h_0 = 1.65m$，断面平均流速 $v_0 = 0.7m/s$，由于电站引用流量的改变，使渠道入口断面水深从某时刻起以 $1.2m/h$ 的速度逐渐升高，延续时间为 $2000s$。假设忽略底坡和水流摩阻力影响，试求距离入口断面 $600m$ 处的断面水位抬高 $0.5m$ 所需要的时间。

解： 忽略底坡和水流摩阻力影响，故 $i = 0$，$J_f = \dfrac{v^2}{C^2 R} = 0$。

设渠道入口断面 $s = 0$，向下游方向为正方向。s 轴上各点：

$$v_0 = 0.7m/s, h_0 = 1.65m$$

记入口断面 $600m$ 处为 A 点，$s_A = 600m$，$h_A = 1.65 + 0.5 = 2.15(m)$

$$\left(\frac{ds}{dt}\right)_{t=0} = v_0 + \sqrt{gh_0} = 0.7 + \sqrt{9.8 \times 1.65} = 4.72(m/s)$$

特征线如图 12.5 所示，对 P、A 两点，有

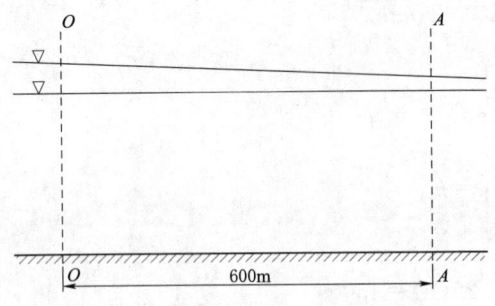

图 12.4 水电站尾水渠道断面示意图

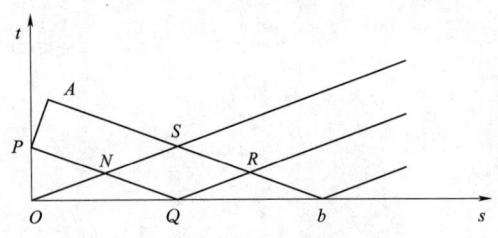

图 12.5 特征线示意图

$$v_P = v_A, \quad h_P = h_A$$

P 点的位置为

$$s_P = 0, \quad t_P = \frac{\Delta h}{1.2} = \frac{0.5}{1.2}(\text{h}) = 1500\text{s}$$

$$h_P = h_A = 2.15\text{m}$$

$$v_P = v_0 - 2\sqrt{gh_0} + 2\sqrt{gh_P} = 1.84(\text{m/s})$$

PA 的斜率为

$$\left(\frac{ds}{dt}\right)_{t=1500} = v_P + \sqrt{gh_P} = 1.84 + \sqrt{9.8 \times 2.15} = 6.43(\text{m/s})$$

所以

$$t_A = t_P + s_A \bigg/ \left(\frac{ds}{dt}\right)_{t=1500} = 1500 + \frac{600}{6.43} = 1593.31(\text{s}) = 0.44\text{h}$$

第13章 船闸输水系统

13.1 某船闸，其上闸首采用短廊道平面消能式输水系统（图13.1），廊道（混凝土）断面为长方形（4m×4.5m），全长20m，其中有两个圆滑转弯（转弯半径 $R=3.5$m，$\theta=90°$），廊道进口微圆处理，进口有圆条拦污栅，（$s=8$mm，$b=42$mm），输水阀门采用平板式直升门，其开启方式为先按每分钟0.4m的速度开启，至2.5min后，接着以0.8m/min的速度将阀门完全打开，并保持这种状态至输水过程结束。

已知：设计闸上水位 $\nabla_上=7.2$m、闸下水位 $\nabla_下=0.4$m，闸室充水面积 $\Omega=5200\text{m}^2$。

要求：(1) 计算 $\mu=f_1(t)$，并绘制 $\mu=f_1(t)$ 曲线；(2) 计算 $h=f_2(t)$，并绘制 $h=f_2(t)$ 曲线；(3) 计算全部输水时间；(4) 计算 $Q=f_3(t)$，并绘制 $Q=f_3(t)$ 曲线；(5) 计算阀门全开瞬时的灌水流量；(6) 计算第2.5min时的瞬时灌水流量。

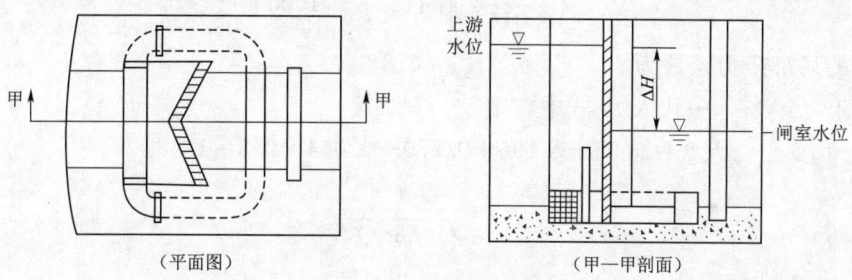

图13.1 习题13.1图

解：(1) 计算 $\mu_t=f_1(t)$。在拟定的船闸输水方式下，流量系数 μ 在阀门开启过程中随时间变化，只是当阀门完全开启后方可认为 μ 为常数。

按短廊道计算：由《水力学》式（13.11）可知：

$$\mu_t=\frac{1}{\sqrt{\zeta_c+\zeta_g}}$$

又

$$\zeta_c=\zeta_e+\zeta_{bar}+\zeta_k+\zeta_f+\zeta_0$$

式中：ζ_c 为输水系统总阻力系数；ζ_e 为入口段的局部阻力系数；ζ_{bar} 为拦污栅阻力系数；ζ_k 为弯道局部阻力系数；ζ_f 为沿程水头损失折合为局部水头损失的表现形式的局部阻力系数；ζ_0 为出口的局部阻力系数。

计算方法参考 JTJ 306—2001《船闸输水系统设计规范》。

廊道断面面积为

$$A=4\times 4.5=18(\text{m}^2)$$

廊道断面的水力半径为

$$R=\frac{A}{x}=\frac{18}{2\times 4+4.5}=1.44(\text{m})$$

进口微圆处理，入口段的局部阻力系数为 $\zeta_e=0.25$。

对圆形栅条的拦污栅，拦污栅阻力系数为

$$\zeta_{\text{bar}}=\beta\left(\frac{s}{b}\right)^{4/3}=1.79\times\left(\frac{8}{42}\right)^{4/3}=0.196$$

弯道局部阻力系数为

$$\zeta_k=\zeta_k'\frac{\theta}{90°}$$

对矩形廊道：

$$\frac{b}{2R}=\frac{4}{2\times3.5}=0.571$$

插值得 $\zeta_k'=0.570$

代入得 $\zeta_k=\zeta_k'\dfrac{\theta}{90°}=0.570\times\dfrac{90°}{90°}=0.570$

沿程水头损失折合为局部水头损失的表现形式，其局部阻力系数为

$$\zeta_f=\frac{2gL}{C^2R}=\frac{2\times9.8\times20}{\left(\dfrac{1}{0.014}\times1.44^{1/6}\right)^2\times1.059}=0.064$$

出口的局部阻力系数为 $\zeta_0=0.8$

将以上 ζ_e、ζ_b、…代入 ζ_c 式中，则

$$\zeta_c=0.25+0.196+0.570+0.064+0.8=1.88$$

所以

$$\mu_t=\frac{1}{\sqrt{1.88+\zeta_g}}$$

列表 13.1 进行计算。

表 13.1 各开启时流量系数计算表

开启时间 t/s	阀门开度 n	阀门阻力系数 ζ_g	$\zeta_c+\zeta_g$	$\sqrt{\zeta_c+\zeta_g}$	流量系数 μ_t
0	0.00	∞	∞	∞	0
67.5	0.10	193.25	195.13	13.969	0.072
135	0.20	44.75	46.63	6.829	0.146
150	0.22	39.41	41.29	6.426	0.156
176.25	0.30	18.05	19.93	4.464	0.224
210	0.40	8.37	10.25	3.202	0.312
243.75	0.50	4.27	6.15	2.480	0.403
277.5	0.60	2.33	4.21	2.052	0.487
311.25	0.70	1.1	2.98	1.726	0.579
345	0.80	0.64	2.52	1.587	0.630
378.75	0.90	0.34	2.22	1.490	0.671
412.5	1.00	0.25	2.13	1.459	0.685

根据计算结果,绘制 $\mu=f_1(t)$ 曲线,如图 13.2 所示。

(2) 计算 $h=f_2(t)$。分以下两个阶段计算:

1) 自阀门开始提升到阀门全开的阶段 $(0 \to t_0)$。在此阶段中,流量系数为变数,灌水过程的方程式可由式 (13.9) 改变而得

$$\sqrt{h} = \sqrt{H} - \frac{A\sqrt{2g}}{\Omega} \int_0^t \mu_t \,dt$$

$$= \sqrt{H} - \frac{A\sqrt{2g}}{\Omega} \sum \overline{\mu}_t \Delta t$$

$$H = \nabla_{上} - \nabla_{下} = 7.2 - 0.4 = 6.8 (m)$$

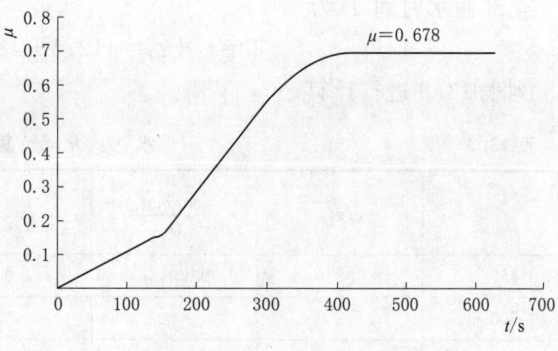

图 13.2 流量系数过程线

按上式列表 13.2 进行计算。

表 13.2 水 头 h 计 算 表

t/s	$\sqrt{H}$	$\dfrac{A\sqrt{2g}}{\Omega}$	$\overline{\mu}_t$	$\overline{\mu}_t \Delta t$	$\sum \overline{\mu}_t \Delta t$	$\dfrac{A\sqrt{2g}}{\Omega}\sum \overline{\mu}_t \Delta t$	$\sqrt{h}$	h/m
0	2.61	0.0072	0	0	0	0	2.593	6.8
67.5			0.036	2.42	2.42	0.017	2.540	6.722
135			0.109	7.36	9.77	0.070	2.541	6.450
150			0.151	2.27	9.62	0.069	2.558	6.455
176.25			0.190	4.98	7.25	0.052	2.509	6.542
210			0.268	9.05	14.03	0.101	2.458	6.295
243.75			0.358	12.08	21.13	0.152	2.415	6.041
277.5			0.445	15.03	27.10	0.195	2.372	5.831
311.25			0.533	18.00	33.03	0.238	2.333	5.627
345			0.605	20.41	38.41	0.277	2.305	5.445
378.75			0.651	21.96	42.36	0.305	2.287	5.313
412.5			0.678	22.89	44.84	0.323		5.231

2) 阀门全开后到输水终止阶段 $(t_0 \to T)$。当阀门全开后,$\mu_t = \mu = $ 常数 $= 0.678$,在此阶段任一时刻的水头 h 的计算关系式为

$$\sqrt{h} = \sqrt{H_0} - \frac{(t-t_0)\mu A\sqrt{2g}}{2\Omega}$$

当 $t=T$ 时,由《水力学》式 (13.12) 得

$$t_e = \frac{2\Omega\sqrt{H_0}}{\mu A\sqrt{2g}} = \frac{2\times 5200\times \sqrt{5.182}}{0.678\times 18\times 4.43} = 438(s)$$

全部输水时间 T 为
$$T=t_0+t_e=412.5+438=850.5(\text{s})$$

列表 13.3 进行计算。

表 13.3　　　　　　　　水　头　h　计　算　表

t /s	$\sqrt{H_0}$	$\dfrac{\mu A \sqrt{2g}}{\Omega}$	$\dfrac{(t-t_0)\mu A \sqrt{2g}}{2\Omega}$	$\sqrt{h}$	h /m
450	2.276	0.00488	0.092	2.185	4.772
500			0.214	2.063	4.254
550			0.336	1.941	3.766
600			0.458	1.819	3.307
650			0.580	1.697	2.878
700			0.702	1.575	2.479
750			0.824	1.453	2.110
800			0.946	1.331	1.770
850.5			1.069	0.000	0.000

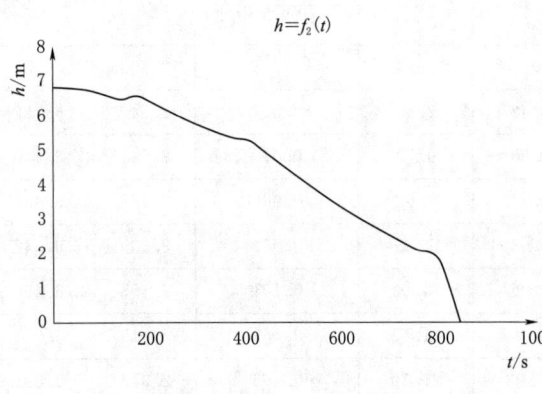

图 13.3　水头 h 过程线

根据计算结果，绘制 $h=f_2(t)$ 曲线，如图 13.3 所示。

(3) 全部输水时间为 850.5s。

(4) 计算 $Q=f_3(t)$。由《水力学》式 (13.1) 知
$$Q=\mu_t 2A\sqrt{2gh}$$

当 $t>t_0$ 后，流量系数 $\mu_t=\mu=$ 常数 $=0.678$，则 $\mu_t 2A\sqrt{2g}$ 不随时间而变，并由式 $\sqrt{h}=\sqrt{H_0}-\dfrac{(t-t_0)\mu A\sqrt{2g}}{2\Omega}$ 可看出，在 $t_0 \to T$ 期间，$\sqrt{h}$ 随 t 呈直线变化，故 Q 随时间 t 也按直线变化，即

当 $t>t_0$ 时，$\dfrac{\text{d}Q}{\text{d}t}=$ 常数

列表 13.4 进行计算。

表 13.4　　　　　　　　流　量　计　算　表

t/s	μ_t	$\sqrt{h}$	$2A\sqrt{2gh}$	$Q=\mu_t \cdot 2A\sqrt{2gh}$/(m³/s)
0	0.000	2.608	415.6	0.0
67.5	0.072	2.593	413.2	29.6
135	0.146	2.540	404.8	59.3
150	0.156	2.541	404.9	63.0

续表

t/s	μ_t	$\sqrt{h}$	$2A\sqrt{2gh}$	$Q=\mu_t \cdot 2A\sqrt{2gh}/(m^3/s)$
176.25	0.224	2.558	407.7	91.3
210	0.312	2.509	399.9	124.9
243.75	0.403	2.458	391.7	158.0
277.5	0.487	2.415	384.9	187.6
311.25	0.579	2.372	378.1	219.0
345	0.630	2.333	371.9	234.3
378.75	0.671	2.305	367.4	246.6
412.5	0.685	2.287	364.5	249.8
450	0.684	2.185	348.2	238.1
500	0.684	2.063	328.7	224.8
550	0.684	1.941	309.3	211.5
600	0.684	1.819	289.8	198.2
650	0.684	1.697	270.4	184.9
700	0.684	1.575	250.9	171.6
750	0.684	1.453	231.5	158.3
800	0.684	1.331	212.1	145.0
840.5	0.684	0.000	0.0	0.0

根据计算结果绘制 $Q=f_3(t)$ 曲线,如图 13.4 所示。

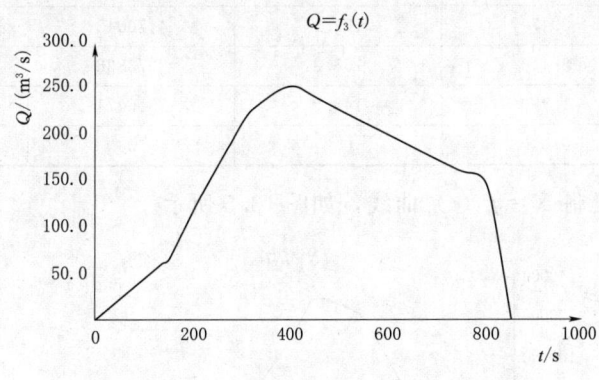

图 13.4 流量过程线

(5) 当闸室上下游水位差（$4m<H<8m$）较大时,认为是高水头孔口灌泄水。阀门已全开,流量可按下式计算:

$$Q_t=\mu A\sqrt{2gh}=0.678\times 18\times \sqrt{2\times 9.8\times 5.231}=123.57(m^3)$$

(6) 第 2.5min 时的瞬时灌水流量为

$$Q_t=\mu A\frac{t}{t_0}\sqrt{2gh}=0.151\times 18\times \frac{150}{626.5}\times \sqrt{2\times 9.8\times 6.455}=7.32(m^3)$$

计算灌泄水时瞬时功率 $N=f_4(t)$

列表 13.5 进行计算。

表 13.5 灌泄水时瞬时功率计算表

t/s	h/m	$Q/(m^3/s)$	$N=\rho g Q h$ /(N·m/s)	$N=\dfrac{\rho g Q h}{100}$/kW
0	6.8	0.0	0	0
67.5	6.722	29.6	1948513	19485
135	6.450	59.3	3746551	37466
150	6.455	63.0	3986557	39866
176.25	6.542	91.3	5854770	58548
210	6.295	124.9	7705053	77051
243.75	6.041	158.0	9352042	93520
277.5	5.831	187.6	10719747	107197
311.25	5.627	219.0	12078089	120781
345	5.445	234.3	12501696	125017
378.75	5.313	246.6	12837799	128378
412.5	5.231	249.8	12803660	128037
450	4.772	238.1	11137016	111370
500	4.254	224.8	9373345	93733
550	3.766	211.5	7806451	78065
600	3.307	198.2	6424697	64247
650	2.878	184.9	5216441	52164
700	2.479	171.6	4170045	41700
750	2.110	158.3	3273868	32739
800	1.770	145.0	2516271	25163
840.5	0.000	0.0	0	0

根据计算结果绘制 $N=f_4(t)$ 曲线,如图 13.5 所示。

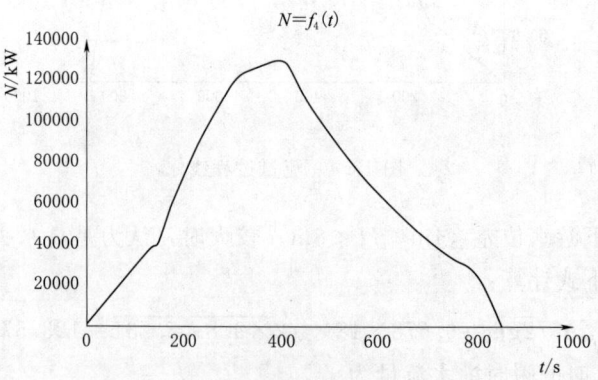

图 13.5 灌泄水时瞬时功率过程线

第14章 泥 沙 运 动

14.1 分别计算粒径为 0.05mm、0.1mm、1.0mm 和 10.0mm 的单颗粒泥沙在静止、清水中的沉速。

解：(1) $d=0.05$mm 时，处于层流区，采用冈恰洛夫沉速公式：
$$\omega = \frac{1}{24}\frac{\gamma_s-\gamma}{\gamma}\frac{gd^2}{\nu} = \frac{1}{24}\times 1.65 \times \frac{9.8\times(0.05\times 10^{-3})^2}{1\times 10^{-6}} = 0.17(\text{cm/s})$$

(2) $d=0.1$mm 时，处于层流区，采用冈恰洛夫沉速公式：
$$\omega = \frac{1}{24}\frac{\gamma_s-\gamma}{\gamma}\frac{gd^2}{\nu} = \frac{1}{24}\times 1.65 \times \frac{9.8\times(0.1\times 10^{-3})^2}{1\times 10^{-6}} = 0.67(\text{cm/s})$$

(3) $d=1.0$mm 时，处于过渡区，采用武水公式：
$$\omega = \left[\left(13.95\frac{\nu}{d}\right)^2 + 1.09\frac{\gamma_s-\gamma}{\gamma}gd\right]^{\frac{1}{2}} - 13.95\frac{\nu}{d}$$
$$= \left[\left(13.95\times\frac{10^{-6}}{10^{-3}}\right)^2 + 1.09\times 1.65\times 9.8\times 10^{-3}\right]^{\frac{1}{2}} - 13.95\times\frac{10^{-6}}{10^{-3}}$$
$$= 11.95(\text{cm/s})$$

(4) $d=10.0$mm 时，处于充分发展紊流区，由下式计算：
$$\omega = 1.72\sqrt{\frac{\gamma_s-\gamma}{\gamma}gd} = 1.72\times\sqrt{1.65\times 9.8\times 10^{-2}} = 69.16(\text{cm/s})$$

14.2 采用两种实验沙样进行泥沙起动实验，泥沙粒径分别为 $d_1=1.2$mm，$d_2=0.2$mm，水深 $d=0.2$m，水面比降为 $J=6‰$。试用 Shields 泥沙起动公式判断两种泥沙的起动情况。

解： 二维均匀流床面切应力与重力沿床面分量平衡为
$$\tau_b = \gamma h s$$
式中：γ 为水体重率；h 为水深；s 为坡降。

摩阻流速为
$$u_* = \sqrt{\frac{\tau_b}{\rho}} = \sqrt{ghs} = \sqrt{9.8\times 0.2\times 0.006} = 0.108(\text{m/s})$$

(1) $d_1=1.2$mm 时：
$$\frac{d}{\nu}\sqrt{0.1\frac{\gamma_s-\gamma}{\gamma}gd} = \frac{1.2\times 10^{-3}}{10^{-6}}\times\sqrt{0.1\times 1.65\times 9.8\times 1.2\times 10^{-3}} = 52.9$$

查 Shields 曲线，颗粒雷诺数为
$$Re_{*c} = \frac{u_{*c}d}{\nu} = 20$$

临界摩阻流速为

$$u_{*c} = Re_{*c}\frac{\nu}{d} = 20 \times \frac{10^{-6}}{1.2 \times 10^{-3}} = 0.0167 \text{(m/s)}$$

（2）$d_2 = 0.2$ mm 时：

$$\frac{d}{\nu}\sqrt{0.1\frac{\gamma_s-\gamma}{\gamma}gd} = \frac{0.2 \times 10^{-3}}{10^{-6}} \times \sqrt{0.1 \times 1.65 \times 9.8 \times 0.2 \times 10^{-3}} = 3.6$$

查 Shields 曲线，颗粒雷诺数为

$$Re_{*c} = \frac{u_{*c}d}{\nu} = 2.5$$

临界摩阻流速为

$$u_{*c} = Re_{*c}\frac{\nu}{d} = 2.5 \times \frac{10^{-6}}{0.2 \times 10^{-3}} = 0.013 \text{(m/s)}$$

两种粒径的泥沙均已经起动。

14.3 用 Shields 曲线来确定一条宽阔河道恰好可以避免床沙冲刷得最大水深。已知水流为均匀流，水力坡度 $J = 0.0005$，泥沙平均粒径 $d = 2.5$ mm，温度为 10℃。

解：水温为 10℃时水流黏滞系数 $\nu = 1.31 \times 10^{-6}$ m²/s。

对于 $d = 2.5$ mm 泥沙：

$$\frac{d}{\nu}\sqrt{0.1\frac{\gamma_s-\gamma}{\gamma}gd} = \frac{2.5 \times 10^{-3}}{1.31 \times 10^{-6}} \times \sqrt{0.1 \times 1.65 \times 9.8 \times 2.5 \times 10^{-3}} = 121$$

临界颗粒雷诺数：

$$Re_{*c} = \frac{u_{*c}d}{\nu} \doteq 60$$

临界摩阻流速：

$$u_{*c} = Re_{*c}\frac{\nu}{d} = 60 \times \frac{1.31 \times 10^{-6}}{2.5 \times 10^{-3}} = 0.031 \text{(m/s)}$$

临界水深：

$$h = \frac{u_*^2}{gs} = \frac{0.031^2}{9.8 \times 0.0005} = 0.196 \text{(m)}$$

14.4 已知宽浅河道均匀流，坡降 $J = 0.0004$，水深 $h = 2$ m，$d = 0.2$ mm，分别用 Shields 公式［《水力学》式（14.21）］、武水公式［《水力学》式（14.34）］和窦国仁公式［《水力学》式（14.35）］判断床面泥沙的稳定情况。

解：（1）Shields 曲线。对于 $d = 0.2$ mm 泥沙：

$$\frac{d}{\nu}\sqrt{0.1\frac{\gamma_s-\gamma}{\gamma}gd} = \frac{0.2 \times 10^{-3}}{10^{-6}} \times \sqrt{0.1 \times 1.65 \times 9.8 \times 0.2 \times 10^{-3}} = 3.5$$

查 Shields 曲线，颗粒雷诺数：

$$Re_{*c} = \frac{u_{*c}d}{\nu} = 2.2$$

临界摩阻流速：

$$u_{*c} = Re_{*c} \frac{\nu}{d} = 2.2 \times \frac{10^{-6}}{0.2 \times 10^{-3}} = 0.01 (\text{m/s})$$

水流摩阻流速：
$$u_* = \sqrt{ghs} = \sqrt{9.8 \times 2 \times 0.0004} = 0.089 (\text{m/s})$$

大于临界摩阻流速，泥沙起动。

(2) 武水公式。
$$U_c = \left(\frac{h}{d}\right)^{0.14} \left(17.6 \frac{\gamma_s - \gamma}{\gamma} d + 6.05 \times 10^{-7} \frac{10+h}{d^{0.72}}\right)^{1/2}$$
$$= \left(\frac{2}{0.2 \times 10^{-3}}\right)^{0.14} \left(17.6 \times 1.65 \times 0.2 \times 10^{-3} + 6.05 \times 10^{-7} \times \frac{10+2}{(0.2 \times 10^{-3})^{0.72}}\right)^{1/2}$$
$$= 0.347 (\text{m/s})$$

(3) 窦国仁公式：
$$U_c = 0.32 \ln\left(\frac{11h}{k_s}\right) \left(\frac{\gamma_s - \gamma}{\gamma} gd + 0.19 \frac{gh\delta + \varepsilon_k}{d}\right)^{1/2}$$
$$= 0.32 \times \ln\left(\frac{11 \times 2}{0.5 \times 10^{-3}}\right) \left(1.65 \times 9.8 \times 0.2 \times 10^{-3} + 0.19 \times \frac{9.8 \times 2 \times 0.213 \times 10^{-6} + 2.56 \times 10^{-6}}{0.2 \times 10^{-3}}\right)^{1/2}$$
$$= 0.336 (\text{m/s})$$

曼宁系数：
$$n = d^{1/6}/21.1 = (0.2 \times 10^{-3})^{1/6}/21.1 = 0.012$$

水流流速：
$$U = \frac{1}{n} R^{2/3} s^{1/2} = \frac{1}{0.012} \times 2^{2/3} \times 0.0004^{1/2} = 2.65 (\text{m/s})$$

由于水流流速大于临界起动流速，泥沙起动。

14.5 用粒径 $d = 0.1$mm（泥沙沉速为 $\omega = 0.612$cm/s）的均匀沙样进行单向流泥沙起动和输沙率实验。实验水深为 50cm。实验中尽量保持水流为均匀流。在临界起动和泥沙悬扬两种情况下分别测得流速列于表 14.1。假定在泥沙悬扬情况下输沙达到平衡，此时实测泥沙总输沙率为 $g_T = 1.2$kg/s/m，在距河床表面 $a = 0.5$cm 处测得含沙量为 $C_a = 5.0$kg/m³（0.5cm 以下可视为床面层）。床面沙波阻力和水槽两边壁阻力暂且不计。(1) 根据底部两点流速实测结果，计算两种情况下床面摩阻流速；(2) 根据 Shields 理论计算泥沙起动条件；(3) 将实验点据绘到 Shields 图上，并对实验结果进行评价、分析；(4) 根据悬移质垂向分布公式计算悬移质垂向分布；(5) 根据悬移质含沙量和流速垂向分布计算悬移质输沙率，进而反算推移质输沙率。

表 14.1　　　　　　　　　　　　　　　实　测　流　速

距底部距离/cm	实测流速/(m/s)	
	临界起动	泥沙悬扬
49.5	0.38	0.8
40.0	0.39	0.78

距底部距离/cm	实测流速/(m/s)	
	临界起动	泥沙悬扬
20.0	0.36	0.74
10.0	0.30	0.65
1.0	0.20	0.50

解：(1) 由两点流速及其高程可按下式计算摩阻流速：

$$u_* = \frac{u_2 - u_1}{5.75 \lg\left(\dfrac{z_2}{z_1}\right)}$$

由此各自选择两种工况的两点进行计算：

泥沙起动：
$$z_1 = 1.0\text{cm}, \ u_1 = 0.2\text{m/s}; \ z_2 = 10.0\text{cm}, \ u_2 = 0.3\text{m/s}$$

泥沙悬扬：
$$z_1 = 1.0\text{cm}, \ u_1 = 0.5\text{m/s}; \ z_2 = 10.0\text{cm}, \ u_2 = 0.65\text{m/s}$$

代入上式可分别计算出：

泥沙起动摩阻流速：$u_* = 0.017 \text{m/s}$

泥沙悬扬摩阻流速：$u_* = 0.026 \text{m/s}$

(2) 根据下式计算结果查得 Shields 图像：

$$\frac{d}{\nu}\sqrt{0.1\frac{\gamma_s - \gamma}{\gamma}gd} = \frac{0.1 \times 10^{-3}}{1 \times 10^{-6}} \times \sqrt{0.1 \times 1.65 \times 9.8 \times 0.1 \times 10^{-3}}$$
$$= 1.27$$

查图 14.1 可得颗粒雷诺数：

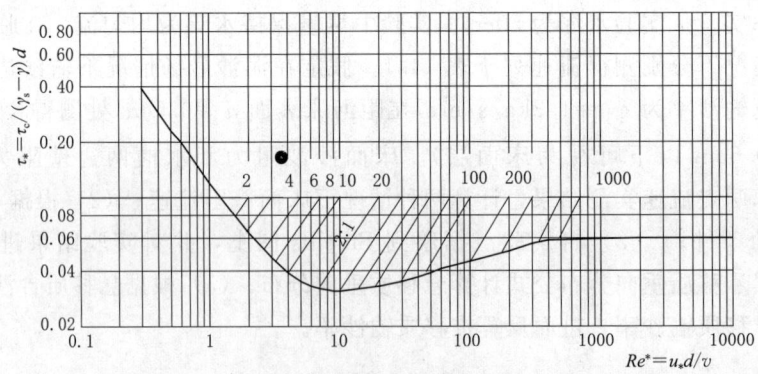

图 14.1 临界起动临界切应力与雷诺数关系图

$$Re_* = u_{*c}d/\nu = 1.3, \ u_{*c} = Re_* \nu/d = 1.3 \times 10^{-6}/10^{-4} = 0.013(\text{m/s})$$

或者

$$\tau_* = \tau_c/(\gamma_s - \gamma)d = 0.1, \ \tau_c = \tau_*(\gamma_s - \gamma)d = 0.1 \times (2650 - 1000) \times 9.8 \times 10^{-4} = 0.1617$$

$$u_* = \sqrt{\tau_c/\rho} = \sqrt{0.1617/1000} = 0.013 \text{(m/s)}$$

(3) 实验中，临界起动临界切应力为
$$\tau_c = \rho u_*^2 = 1000 \times 0.0174^2 = 0.303 \text{(N/m}^2\text{)}$$

希尔兹数为
$$\tau_* = \tau_c/(\gamma_s - \gamma)d = 0.303/[(2650-1000) \times 9.8 \times 10^{-4}] = 0.187$$

颗粒雷诺数为
$$Re_* = u_* d/v = 0.0174 \times 10^{-4}/10^{-6} = 1.74$$

实验结果略高于希尔兹曲线。

(4) 悬移质垂向泥沙分布计算公式如下：
$$\frac{C}{C_a} = \left(\frac{h-z}{z}\frac{a}{h-a}\right)^{z_*}$$

其中
$$z_* = \frac{\omega}{\kappa u_*} = \frac{0.00612}{0.4 \times 0.026} = 0.588$$

因此可计算两工况下的各高程悬沙浓度，见表14.2。

表 14.2　　各高程悬沙浓度

距离水底高度/m	浓度/(kg/m³)	距离水底高度/m	浓度/(kg/m³)
0.495	0.022	0.1	0.758
0.4	0.148	0.01	3.307
0.2	0.426	0.005	5.000

(5) 泥沙悬扬工况列于表14.3。
$$\Delta = 1.4 \times 10^{-4} \text{m}, \quad \frac{u}{u_*} = 5.75 \lg\left(30.2 \frac{z}{\Delta}\right)$$

表 14.3　　泥沙悬扬工况表

距离水底高度/m	0.005	0.01	0.1	0.2	0.4	0.495
流速/(m/s)	0.460	0.500	0.650	0.740	0.780	0.800
含沙量浓度/(kg/m³)	5	3.3	0.757	0.425	0.148	0.022
流速乘以含沙量/[kg/(m²·s)]	2.3	1.65	0.492	0.315	0.115	0.0176
悬移输沙/[kg/(m·s)]	0.2					

推移质输沙率为
$$1.2 - 0.2 = 1.0 \text{[kg/(m·s)]}$$

第15章 波 浪 运 动

15.1 微幅波的势函数为

$$\varphi = \frac{gH}{2\sigma}\frac{\cosh k(z+d)}{\cosh kd}\sin(kx-\sigma t)$$

试证明上式也可写为

$$\varphi = \frac{Hc}{2}\frac{\cosh k(z+d)}{\sinh kd}\sin(kx-\sigma t)$$

解：根据波速表达式 $c = \frac{gT}{2\pi}\tanh kd$ 得

$$\frac{g}{\sigma} = \frac{c}{\tanh kd} = \frac{c\cosh kd}{\sinh kd}$$

将上式代入 $\varphi = \frac{gH}{2\sigma}\frac{\cosh k(z+d)}{\cosh kd}\sin(kx-\sigma t)$ 即得

$$\varphi = \frac{Hc}{2}\frac{\cosh k(z+d)}{\sinh kd}\sin(kx-\sigma t)$$

15.2 某深海海面上观察到浮标在1分钟内上下20次，求波浪周期、波长和波速。

解：波浪周期：

$$T = 60/20 = 3.0(\text{s})$$

深水中波长：

$$L = \frac{gT^2}{2\pi} = \frac{9.8 \times 3^2}{2 \times 3.14} = 14.04(\text{m})$$

波速：

$$C = L/T = 14.04/3 = 4.68(\text{m/s})$$

15.3 已知波浪周期 T，编制一计算任意水深 d 处的波长和波速的程序，并计算出周期为8s、水深为20m处的波浪波长和波速。

解：利用 Matlab 编制求解波长和波速的程序如下：

```
function[L,C]=wavelength(T,h)                    %线性波理论计算波长和波速
n=0;                                             %迭代次数
g=9.81;                                          %重力加速度
eps=0.000001;                                    %牛顿迭代法误差收敛下限
L=g*T^2/(2*pi);                                  %初始深水波长
F=L-g*T^2*tanh(2*pi*h/L)/(2*pi);                 %初始误差函数
while abs(F)>eps                                 %进入迭代过程
    F1=1+(g*h*T^2/(L^2))*(1-tanh(2*pi*h/L)^2);   %F1 为 F 的导数
    L=L-F/F1;                                    %迭代过程波长
```

```
            F=L-g*T^2*tanh(2*pi*h/L)/(2*pi);        %迭代过程中的误差函数
            n=n+1;                                    %迭代次数
        end
        C=L/T;                                        %L为迭代后的波长,C为波速
    end
```

利用程序求出周期为 8s、水深为 20m 处的波浪波长和波速波长为：$L=88.79\mathrm{m}$，$C=11.10\mathrm{m/s}$。

15.4 在某水深处的海底设置压力式波高仪，测得周期 $T=5\mathrm{s}$，最大压力 $p_{\max}=85250\mathrm{Pa}$（包括静水压力，但不包括大气压力），最小压力 $p_{\min}=76250\mathrm{Pa}$，问当地水深、波高是多少？

解： 根据微幅波理论，海底最大压力和最小压力分别发生在波峰和波谷：

$$p_{\max}=\rho g d+\frac{\rho g H}{2\cosh kd} \tag{1}$$

$$p_{\max}=\rho g d-\frac{\rho g H}{2\cosh kd} \tag{2}$$

由式（1）+式（2）得

$$p_{\max}+p_{\min}=2\rho g d$$

因此得当地水深为

$$d=\frac{p_{\max}+p_{\min}}{2\rho g}=\frac{85250+76250}{2\times 1000\times 9.81}=8.24(\mathrm{m})$$

由周期 $T=5\mathrm{s}$，得

$$L_0=\frac{gT^2}{2\pi}=\frac{9.81\times 5^2}{2\times 3.14}=39.0(\mathrm{m})$$

根据弥散方程近似表达式得

$$L=L_0\tanh^{\frac{2}{3}}\left(\frac{2\pi d}{L_0}\right)^{3/4}=39.0\times\tanh^{\frac{2}{3}}\left(\frac{2\times 3.14\times 8.24}{39.0}\right)^{3/4}=36.34(\mathrm{m})$$

$$k=\frac{2\pi}{L}=\frac{2\times 3.14}{36.34}=0.173(\mathrm{m}^{-1})$$

代入式（1）可解得波高为

$$H=2(p_{\max}-\rho g d)\cosh kd/\rho g$$
$$=2\times(85250-1000\times 9.81\times 8.24)\times\cosh(0.173\times 8.24)/1000/9.8=2.02(\mathrm{m})$$

15.5 $d=10\mathrm{m}$ 的有限水深海域，$H=2\mathrm{m}$，$L=40\mathrm{m}$，试分别采用微幅波理论和二阶斯托克斯（Stokes）波理论求（如果存在）：（1）波浪传播速度 c，周期 T；（2）水面上质点运动轨迹的椭圆长、短轴半轴值；（3）波浪中线超高 h_{s0}；（4）水面及海底上水质点的最大速度；（5）海底面上任意一点的压强；（6）单位宽度水体在一个波长范围内的总能量。

解：（1）根据微幅波理论波长表达式 $L=\dfrac{gT^2}{2\pi}\tanh\dfrac{2\pi d}{L}$ 得

$$T=\sqrt{\frac{2\pi L}{g\tanh\frac{2\pi d}{L}}}=\sqrt{\frac{2\times3.14\times40}{9.81\times\tanh\frac{2\times3.14\times10}{40}}}=5.3(\text{s})$$

$$C=\frac{L}{T}=\frac{40}{5.3}=7.6(\text{m/s})$$

Stokes波理论计算结果与上面相同。

（2）微幅波理论：水面上质点 $z_0=0$ 时，

长半轴
$$\alpha=\frac{H\cosh k(z_0+d)}{2\sinh kd}$$

计算得 $\alpha=1.09$m

短半轴
$$\beta=\frac{H\sinh k(z_0+d)}{2\sinh kd}$$

计算得 $a=1.0$m

Stokes波理论：质点运动轨迹不闭合，无椭圆长短半轴。

（3）微幅波理论：无超高。

Stokes波理论：
$$h_{s0}=\frac{\pi H^2}{4L}\left(1+\frac{3}{2\sinh^2 kd}\right)\coth kd$$

$$=\frac{3.14\times2^2}{4\times40}\times\left[1+\frac{3}{2\sinh^2(0.157\times10)}\right]\coth(0.157\times10)$$

$$=0.11(\text{m})$$

（4）微幅波理论：

水面处：
$$u_x=\frac{\pi H}{T}\coth\frac{2\pi d}{L}\cos(kx-\sigma t)=1.29\cos(kx-\sigma t)$$

$$u_z=\frac{\pi H}{T}\sin(kx-\sigma t)=1.18\sin(kx-\sigma t)$$

$$u_{\max}=u_{x\max}=1.29\text{m/s}$$

海底处：
$$u_x=\frac{\pi H}{T}\frac{1}{\sinh kd}\cos(kx-\sigma t)$$

$$u_z=0$$

$$u_{\max}=u_{x\max}=0.52\text{m/s}$$

Stokes波理论：

水面处：
$$u_x=\frac{\pi H}{T}\tanh kd\cos(kx-\sigma t)+\frac{3}{4}\left(\frac{\pi H}{T}\right)\left(\frac{\pi H}{L}\right)\frac{\cosh(2kd)}{\sinh^2 kd}\cos2(kx-\sigma t)$$

$$u_z=\frac{\pi H}{T}\sin(kx-\sigma t)+\frac{3}{4}\left(\frac{\pi H}{L}\right)\left(\frac{\pi H}{T}\right)\frac{\sinh(2kd)}{\sinh^4 kd}\sin2(kx-\sigma t)$$

$$u_{\max}=u_{x\max}=1.30\text{m/s}$$

同理，海底处：

$$u_{\max}=u_{x\max}=0.52\text{m/s} \quad u_{z\max}=0\text{m/s}$$

(5) 微幅波理论：

海底处：
$$z=-d \quad p=\rho gd+\frac{\rho gh}{2\cosh kd}\cos(kx-\sigma t)$$
$$p=98+3.9\cos(0.157x-1.19t)(\text{kPa})$$

Stokes 波理论：

$$p=\rho gd+\frac{\rho gh}{2}\frac{\cos(kx-\sigma t)}{\cosh kd}+\frac{3\pi\rho gH^2}{8L}\frac{\tanh kd}{\sinh^2 kd}\left(\frac{1}{\sinh^2 kd}-\frac{1}{3}\right)\cos2(kx-\sigma t)$$

$$p=98+3.9\cos(0.157x-1.19t)-0.029\cos(0.314x-2.38t)(\text{kPa})$$

(6) 微幅波理论：

$$E=\frac{1}{8}\rho gH^2 L=1.96\times10^5(\text{J})$$

Stokes 波理论：

$$E=\frac{\rho gH^2}{8}L\left[1+\left(\frac{1}{8}\frac{\pi H}{L}\right)^2\left(5+\frac{68\sinh^4 kd+57\sinh^2 kd+18}{4\sinh^6 kd}\right)\right]=1.97\times10^5(\text{J})$$

15.6 有一直立防波堤，位于水深 $d=10\text{m}$ 处，防波堤高为 15m，底宽 $b=10\text{m}$。波高为 3m，周期为 8s 的波浪向此防波堤入射。(1) 试按照森弗鲁公式简化方法画出直立堤出现波峰和波谷时的压力分布图，并计算直立堤每延米长度上的总波力和倾覆力矩；(2) 如果堤高只有 12m，则波浪将越过堤顶，假设有越浪时直立堤面上的波压分布与无越浪时相同，试求总波力和倾覆力矩。

解：(1)
$$L_0=\frac{gT^2}{2\pi}=\frac{9.81\times8^2}{2\times3.14}=99.97(\text{m})$$

根据弥散方程近似表达式得

$$L=L_0\tanh^{\frac{2}{3}}\left(\frac{2\pi d}{L_0}\right)^{3/4}=99.97\times\tanh^{\frac{2}{3}}\left(\frac{2\times3.14\times10}{99.97}\right)^{3/4}=71.75(\text{m})$$

超高为
$$h_{s0}=\frac{\pi H^2}{L}\coth\frac{2\pi d}{L}=0.56(\text{m})$$

当墙前为波峰时，静水面以上高度 $H+h_{s0}$ 的波压力为 0，水底处波压强 p_d 为

$$p_d=\frac{\rho gH}{\cosh\dfrac{2\pi d}{L}}=\frac{1025\times9.81\times3}{\cosh(2\times3.14\times10/71.75)}=2.14\times10^4(\text{Pa})$$

静水面处的压强为

$$p_s=(p_d+\rho gd)\left(\frac{H+h_{s0}}{d+H+h_{s0}}\right)$$

$$=(2.14\times10^4+1025\times9.81\times10)\times\frac{3+0.56}{10+3+0.56}=3.20\times10^4(\text{Pa})$$

因此，每延米长度防波堤上的总水平波压力为

$$F_H = \frac{1}{2}p_s(H+h_{s0}) + \frac{1}{2}(p_s+p_d)d$$

$$= \frac{1}{2}\times 3.20\times 10^4\times(3+0.56) + \frac{1}{2}\times(3.20+2.14)\times 10^4\times 10 = 3.24\times 10^5 (\text{N/m})$$

每延米长度防波堤底部垂直向上的总波力为

$$F_V = \frac{1}{2}p_d b = \frac{1}{2}\times 2.14\times 10^4\times 10 = 1.07\times 10^5 (\text{N/m})$$

每延米防波堤墙底的倾覆力矩为（以堤后趾取距）：

$$M = p_s\times\frac{1}{2}(H+h_{s0})\left[d+\frac{1}{3}(h_{s0}+H)\right]\frac{1}{2}d(p_s+p_d)\times\frac{d(2p_s+p_d)}{3(p_s+p_d)} + F_V\times\frac{2}{3}b$$

$$= 3.20\times 10^4\times\frac{1}{2}\times(3+0.56)\times\left(10+\frac{3+0.56}{3}\right) + \frac{1}{6}\times 10^2\times(2\times 3.2+2.14)\times 10^4$$

$$+ 1.07\times 10^5\times\frac{2}{3}\times 10$$

$$= 2.77\times 10^6 (\text{N}\cdot\text{m/m})$$

当墙前是波谷时，静水面以下 $H-h_{s0}$ 处波压强为

$$p'_s = \rho g(H-h_{s0}) = 1025\times 9.81\times(3-0.56) = 2.45\times 10^4 (\text{Pa})$$

水底处波压强为

$$p'_d = \frac{\rho g H}{\cosh(2\pi d/L)} = \frac{1025\times 9.81\times 3}{\cosh(2\times 3.14\times 10/71.75)} = 2.14\times 10^4 (\text{Pa})$$

因此，每延米长度防波堤上的总水平波压（吸）力为

$$F'_H = p'_s(H-h_{s0})\times\frac{1}{2} + (p'_s+p'_d)\times\frac{1}{2}(d-H+h_{s0})$$

$$= 0.5\times 2.45\times 10^4\times(3-0.56) + 0.5\times(2.45+2.14)\times 10^4\times(10-3+0.56)$$

$$= 2.04\times 10^5 (\text{N/m})$$

每延米长度防波堤底部垂直向下的总波力为

$$F'_V = \frac{1}{2}p'_d b = \frac{1}{2}\times 2.14\times 10^4\times 10 = 1.07\times 10^5 (\text{N/m})$$

每延米防波堤墙底的最大倾覆力矩为（以堤前趾取距）：

$$M' = \frac{1}{2}p'_s\times(H-h_{s0})\times\left[d-(H-h_{s0})+\frac{1}{3}(H-h_{s0})\right]$$

$$+ \frac{1}{2}(p'_d+p'_s)\times(d-H+h_{s0})\times\frac{(d-H+h_{s0})(p'_d+2p'_s)}{3(p'_d+p'_s)} - F'_V\times\frac{1}{3}b$$

$$= \frac{1}{2}\times 2.45\times 10^4\times(3-0.56)\times\left[10-\frac{2}{3}\times(3-0.56)\right]$$

$$+ \frac{1}{6}(10-3+0.56)^2\times(2.14+2\times 2.45)\times 10^4 - 1.07\times 10^5\times\frac{1}{3}\times 10$$

$$= 5.65\times 10^5 (\text{N}\cdot\text{m/m})$$

(2) 当堤高为 $h'=12\text{m}$ 时，波峰会出现越浪，越浪高度为

$$h_{ot} = d+H+h_{s0}-h' = 10+3+0.56-12 = 1.56 (\text{m})$$

这时每延米长度防波堤上水平总的波力为

$$F''_H = F_H - \frac{1}{2} p_s \frac{h_{ot}}{H+h_{s0}} h_{ot}$$

$$= 3.24 \times 10^5 - 0.5 \times 3.20 \times 10^4 \times \frac{1.56^2}{3+0.56}$$

$$= 3.13 \times 10^5 (\text{N/m})$$

每延米长度防波堤底部垂直向上的总波力与无越浪时相同。

每延米防波堤墙底的最大倾覆力矩为

$$M'' = M - \frac{1}{2} p_s \frac{h_{ot}}{H+h_{s0}} h_{ot} \left(h' + \frac{1}{3} h_{ot}\right)$$

$$= 2.77 \times 10^6 - \frac{1}{2} \times 3.20 \times 10^4 \times \frac{1.56^2}{3+0.56} \times \left(12 + \frac{1.56}{3}\right)$$

$$= 2.63 \times 10^6 (\text{N} \cdot \text{m/m})$$

波谷时没有越浪，波力与倾覆力矩与堤高 15m 时相同。

15.7 一桩基平台，平台支撑结构由四根直径 $D=6.0\text{m}$ 的圆桩柱组成，桩与桩间距均为 30m。平台设计工作水深 $d=40.0\text{m}$，设计波高 $H=10.0\text{m}$，波周期 $T=10.4\text{s}$，试确定每根桩柱所受最大水平波力和作用点位置，以及四根桩柱最大水平合波力和合波力矩。

解：
$$L_0 = \frac{gT^2}{2\pi} = \frac{9.81 \times 10.4^2}{2 \times 3.14} = 168.96(\text{m})$$

根据弥散方程近似表达式得

$$L = L_0 \tanh^{2/3}\left(\frac{2\pi d}{L_0}\right)^{3/4} = 168.96 \times \tanh^{2/3}\left(\frac{2 \times 3.14 \times 10}{168.96}\right)^{3/4} = 157.81(\text{m})$$

$$k = \frac{2\pi}{L} = 0.0398$$

因为 $D/L < 0.2$，可以按 Morison 方法计算桩基所受波浪力。

对于单根桩：

$$F = F_{D\max} \cos\omega t |\cos\omega t| + F_{I\max} \sin\omega t$$

$$F_{HD\max} = \frac{1}{2} C_D \gamma D K'_1 H^2$$

$$F_{HI\max} = C_M \frac{\gamma \pi D^2 H}{8} K'_2$$

$$K'_1 = \frac{2k\left(d+\frac{H}{2}\right) + \sinh 2k\left(d+\frac{H}{2}\right)}{8\sinh 2kd}$$

$$= \frac{2 \times 0.0398 \times (40+10/2) + \sinh[2 \times 0.0398 \times (40+10/2)]}{8 \times \sinh(2 \times 0.0398 \times 40)}$$

$$= 0.223$$

$$K'_2 = \frac{\sinh kd}{\cosh kd} = \tanh(0.04 \times 40) = 0.92$$

计算得
$$F_{\text{HDmax}} = 0.5 \times 1.2 \times 1025 \times 9.81 \times 6 \times 0.223 \times 10^2 = 8.07 \times 10^5 (\text{N})$$
$$F_{\text{HImax}} = 1/8 \times 2 \times 1025 \times 9.81 \times 3.14 \times 6^2 \times 0.92 \times 10 = 2.62 \times 10^6 (\text{N})$$

最大正向水平波压力可近似为
$$F_{\max} = F_{\text{Imax}} = 2.62 \times 10^6 \text{N}$$

最大水平合力矩近似为
$$M_{\max} = M_{\text{Imax}} = C_M \frac{\gamma D^2 HL}{16} \frac{1}{\cosh kd} [kd \sinh kd - \cosh kd + 1] = 6.11 \times 10^7 (\text{N} \cdot \text{m})$$

所以，力的作用点距海底面距离为
$$e = \frac{M_{\max}}{F_{\max}} = 23.37 (\text{m})$$

利用 Excel 制作前后两排桩的波浪力和力矩变化过程，叠加可求得四根桩总的合力为 $F_t = 8.67 \times 10^6 \text{N}$。

四根桩总的合力矩为 $M_t = 2.07 \times 10^8 \text{N} \cdot \text{m}$。

第16章 泄水建筑物下游水流的衔接与消能

16.1 图 16.1 所示为 WES 剖面溢流堰，上下游坝高 P_1 与 P_2 均为 15m，当下泄单宽流量 $q=10\text{m}^3/(\text{s}\cdot\text{m})$ 时，下游水深 $h_t=6\text{m}$；已知流量系数 $m=0.49$，流速系数 $\varphi=0.95$，试求下游收缩断面的水深，并判断水跃衔接形式。

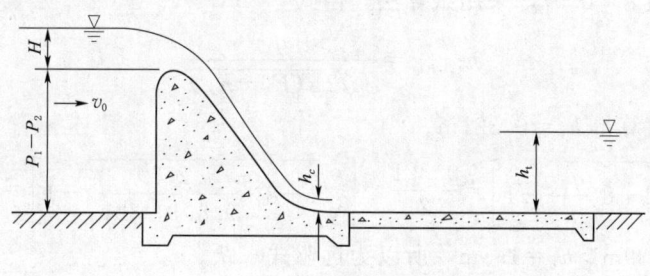

图 16.1 习题 16.1 图

解：(1) 判断出流形式。因下游水深 h_t 小于下游堰高度 P_2，故该出流形式为实用堰自由出流。

(2) 计算堰顶总水头。

由 $Q=mb\sqrt{2g}H_0^{3/2}$ 得

$$H_0=\left(\frac{Q}{mb\sqrt{2g}}\right)^{2/3}=\left(\frac{q}{m\sqrt{2g}}\right)^{2/3}=\left(\frac{10}{0.49\times\sqrt{19.6}}\right)^{2/3}=2.77(\text{m})$$

(3) 计算行近断面总单位能。

$$E_0=P_1+H_0=15+2.77=17.77(\text{m})$$

(4) 计算收缩断面水深，利用试算法求得

$$h_{c(i+1)}=\frac{q}{\varphi\sqrt{2g(E_0-h_{ci})}}$$

即 $h_c=0.57\text{m}$

(5) 计算以收缩断面水深为跃前水深的跃后水深。

$$h_c''=\frac{h_c}{2}\left(\sqrt{1+8\frac{q^2}{gh_c^3}}-1\right)=\frac{0.57}{2}\times\left(\sqrt{1+8\times\frac{10^2}{9.8\times0.57^3}}-1\right)=5.7(\text{m})$$

(6) 判断水跃衔接形式。

$$h_t=6\text{m}>h_c''=5.7\text{m}$$

因下游水深大于跃后水深，故实用堰下游水跃为淹没水跃。

16.2 如图 16.2 所示一矩形断面河槽上的跌水，高度 $P=2\text{m}$，出口处设平板闸门控制流量。已知流量 $Q=10\text{m}^3/\text{s}$，下游水深 $h_t=1.5\text{m}$，闸门前水头 $H=1.7\text{m}$，行近流速

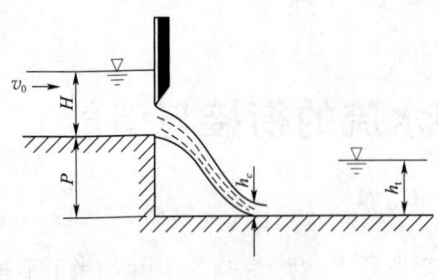

图 16.2 习题 16.2 图

$v_0 = 1\text{m/s}$，渠道底宽 $b = 4\text{m}$，流速系数 $\varphi = 0.97$。试求收缩断面水深 h_c，并判断水跃衔接形式。

解：闸孔出流的单宽流量为

$$q = \frac{Q}{b} = \frac{10}{4} = 2.5 [\text{m}^3/(\text{s} \cdot \text{m})]$$

断面比能：

$$E_0 = P + H + \frac{v_0^2}{2g} = 2 + 1.7 + \frac{1}{19.6} = 3.75(\text{m})$$

已知流速系数 $\varphi = 0.97$，采用试算法，由式

$$h_{c(i+1)} = \frac{q}{\varphi\sqrt{2g(E_0 - h_{ci})}}$$

取 $h_{c0} = 0$，试算得 $h_c = 0.321\text{m}$。

$$h_c'' = \frac{h_c}{2}\left[\sqrt{1 + 8\frac{q^2}{gh_c^3}} - 1\right] = \frac{0.321}{2} \times \left[\sqrt{1 + 8 \times \frac{2.5^2}{9.8 \times 0.321^3}} - 1\right] = 1.839(\text{m})$$

由于 $h_c'' = 1.839\text{m} > h_t = 1.5\text{m}$，所以为远驱式水跃。

16.3 如图 16.3 所示一陡槽与缓坡渠槽相连接，二者均为矩形断面，底宽 $b = 5\text{m}$。已知通过流量 $Q = 20\text{m}^3/\text{s}$，陡槽末端水深 $h_1 = 0.5\text{m}$；下游水深 $h_t = 1.8\text{m}$。试求：(1) 下游的水跃衔接形式；(2) 水跃从 1—1 断面开始发生所需的下游水深。

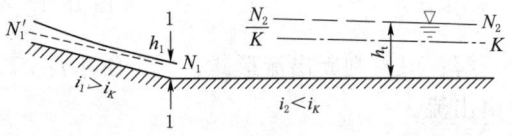

图 16.3 习题 16.3 图

解：单宽流量为

$$q = \frac{Q}{b} = \frac{20}{5} = 4[\text{m}^3/(\text{s} \cdot \text{m})]$$

由题意可知：

$$h_c = h_1 = 0.5\text{m}$$

故

$$h_c'' = \frac{h_c}{2}\left(\sqrt{1 + 8\frac{q^2}{gh_c^3}} - 1\right) = \frac{0.5}{2} \times \left(\sqrt{1 + 8 \times \frac{4^2}{9.8 \times 0.5^3}} - 1\right) = 2.32(\text{m}) < h_t$$

所以为淹没式水跃。

当 $h_t = 2.32\text{m}$ 时，水跃从 1—1 断面开始发生。

16.4 一护坦宽与堰宽相同的溢流堰，上下游坝高 $P_1 = P_2 = 7\text{m}$，堰上水头 $H_0 = 2.4\text{m}$，设计单宽流量 $q = 8\text{m}^3/(\text{s} \cdot \text{m})$。如果下游水深为 $h_t = 3.2\text{m}$，坝面流速系数 $\varphi = 0.95$（图同习题 16.1）。试求：(1) 判别下游是否需要修建消力池；(2) 如果需要，设计一降低护坦式消力池。

解：(1) 因为 $P_1/H = 7/2.4 = 2.91 > 1.33$，故不计行进流速。

取 $H_0 = H = 2.4\text{m}$，$E_0 = P + H_0 = 7 + 2.4 = 9.4(\text{m})$

根据公式：
$$h_{c(i+1)} = \frac{q}{\varphi\sqrt{2g(E_0 - h_{ci})}}$$

试算收缩断面水深，试算得 $h_c = 0.643$m。

$$h''_c = \frac{h_c}{2}\left[\sqrt{1 + 8\frac{q^2}{gh_c^3}} - 1\right] = \frac{0.643}{2} \times \left[\sqrt{1 + 8 \times \frac{8^2}{9.8 \times 0.643^3}} - 1\right] = 4.197 \text{(m)}$$

$\because h''_c = 4.197\text{m} > h_t = 3.2\text{m}$

$\therefore$ 发生远驱式水跃，需要修建消力池。

(2) 令 $\Delta z = 0$，池深为
$$d = \sigma_j h''_c - h_t - \Delta z = 1.21 \text{(m)}$$

设 $d_0 = 1.2$m，则
$$E'_0 = E_0 + d_0 = 10.6 \text{(m)}$$

由公式 $h'_{c0} = \dfrac{q}{\varphi\sqrt{2g(E_0 - h_c)}}$ 试算得 $h_{c0} = 0.6$m。

$$h''_{c0} = \frac{h_{c0}}{2}\left[\sqrt{1 + 8\frac{q^2}{gh_c^3}} - 1\right] = \frac{0.6}{2} \times \left[\sqrt{1 + 8 \times \frac{8^2}{9.8 \times 0.6^3}} - 1\right] = 4.38 \text{(m)}$$

$$\Delta z = \frac{q^2}{2g}\left[\frac{1}{(\varphi' h_t)^2} - \frac{1}{(\sigma_j h''_c)^2}\right] = 0.2 \text{(m)}$$

新的池深： $d_1 = \sigma_j h''_c - (h_t + \Delta z) = 1.2 \text{(m)}$

由于 $d_1 = d_0$，故消力池池深 $d_1 = 1.2$m。

水跃长度： $L_j = 6.9(h''_c - h_c) = 6.9 \times (4.38 - 0.6) = 26.08 \text{(m)}$

池长： $L_K = (0.7 \sim 0.8) \times 26.08 = 18.25 \sim 20.87 \text{(m)}$

故池长取为 19m。

16.5 一五孔溢流坝，每孔净宽 $b = 7$m，闸墩宽度 $d = 2$m，各高程如图 16.4 所示。当每孔闸门全开通过的泄洪流量 $Q = 1400\text{m}^3/\text{s}$ 时，试求：(1) 判别下游的水跃衔接形式；(2) 若为远驱式水跃衔接，试设计一消力坎式消力池。

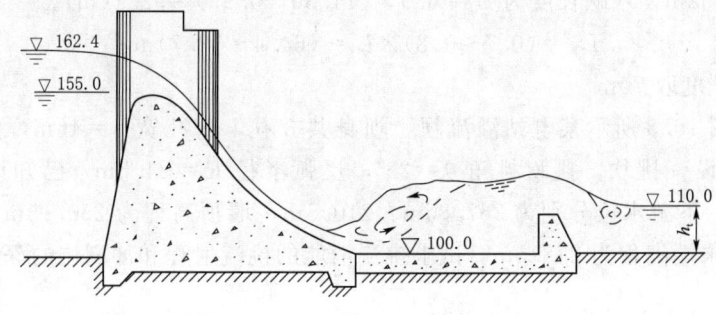

图 16.4 习题 16.5 图

解：(1) 判断出流形式。因下游水深 h_t 小于下游堰坎高度 P_2，故该出流形式为实用堰自由出流。

(2) 计算堰顶总水头。由题意可知，上游堰坎高度为 $P_1=155-100=55(m)$，堰顶水头为 $H=162.4-155=7.4(m)$。

因 $\dfrac{P_1}{H}=\dfrac{55}{7.4}=7.43>1.33$，故该实用堰为高堰，可忽略行近流速水头。

(3) 计算行近断面总单位能。
$$E_0=P_1+H_0=55+7.4=62.4(m)$$

(4) 计算收缩断面水深。由题意可知，堰顶总宽度为 $B=5\times7+4\times2=43(m)$。

计算单宽流量得
$$q=\dfrac{Q}{B}=\dfrac{1400}{43}=32.56(m)$$

查表取流速系数 $\varphi=0.95$，试算得 $h_{c(i+1)}=\dfrac{q}{\varphi\sqrt{2g(E_0-h_{ci})}}$，即 $h_c=0.99m$。

(5) 计算以收缩断面水深为跃前水深的跃后水深。
$$h''_c=\dfrac{h_c}{2}[\sqrt{1+8Fr^2}-1]=\dfrac{0.99}{2}\times\left[\sqrt{1+\dfrac{8\times32.56^2}{9.8\times0.99^3}}-1\right]=14.30(m)$$

(6) 判断水跃衔接形式。因下游水深 $h_t=110-100=10(m)$，小于跃后水深 14.30m，故实用堰下游水跃为远驱式水跃，需进行消能设计。

(7) 设计坎式消力池。令 $\sigma_s=1$，则
$$H_1=\left(\dfrac{q}{\sigma_s m_1\sqrt{2g}}\right)^{2/3}-\dfrac{q^2}{2g(\sigma_j h''_c)^2}=6.49(m)$$
$$c=\sigma_j h''_c-H_1=8.52(m)$$
$$E_0=h_c+\dfrac{q^2}{2g\varphi^2 h_c^2}=15.26(m)$$

经试算，$h_{c1}=2.15m$，$h''_{c1}=9.01m<10m$，故为淹没式水跃。

淹没度为 $\dfrac{h_s}{H_{10}}=0.22<0.45$，故为自由出流。

坎高 $c=8.52m$，水跃长度为 $L_j=6.9\times(14.30-0.95)=92.1(m)$。
$$L_K=(0.7\sim0.8)\times L_j=(64.4\sim73.7)m$$

故消力池长度取 70m。

16.6 如图 16.5 所示某电站溢流坝，坝身共 3 孔，每孔宽 $b=16m$，闸墩厚度 $d=4m$，坝身末端设一挑坎，挑坎挑角 $\theta=25°$，反弧半径 $R=24.5m$。已知设计流量 $Q=6480m^3/s$；上、下游水位分别为 267.85m、210.5m，堰顶高程为 250.15m，河底高程为 180.0m，挑坎末端高程为 218.5m。试求挑流消能的挑流射程和冲刷坑的深度（下游河床为Ⅲ类岩基）。

解：
$$z=267.85-210.5=57.35(m)$$
$$s=267.85-218.5=49.35(m)$$

下泄单宽流量：

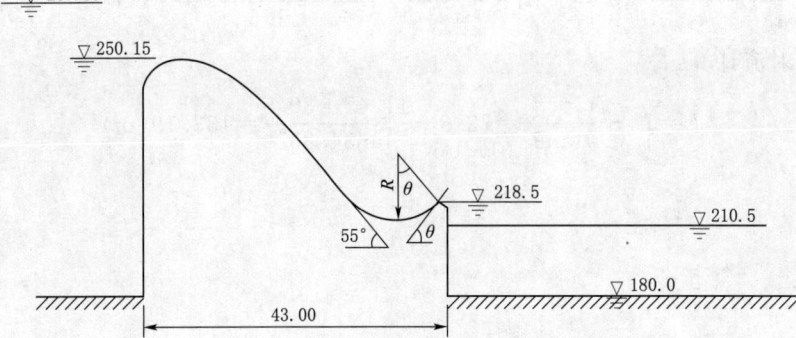

图 16.5 习题 16.6 图(单位:m)

$$q = \frac{Q}{B} = \frac{6480}{16 \times 3 + 4 \times 2} = 115.7 (\text{m}^2/\text{s})$$

流速系数:

$$\varphi = \left(\frac{q^{2/3}}{s}\right)^{0.2} = \left(\frac{115.7^{2/3}}{49.35}\right)^{0.2} = 0.86$$

鼻坎射出流速:

$$v = \varphi \sqrt{2gs} = 0.86 \times \sqrt{2 \times 9.8 \times 49.35} = 26.9 (\text{m/s})$$

坎顶水深:

$$h_1 = \frac{q}{v} = \frac{115.7}{26.9} = 4.3 (\text{m})$$

水股跌落至下游水面的射程:

$$L_0 = \frac{v^2 \cos\theta \sin\theta}{g} \left[1 + \sqrt{1 + \frac{2g\left(z - s + \frac{h_1}{2}\cos\theta\right)}{v^2 \sin^2\theta}}\right]$$

$$= \frac{26.9^2 \times \cos 25° \sin 25°}{9.8} \times \left[1 + \sqrt{1 + \frac{2 \times 9.8 \times \left(57.35 - 49.35 + \frac{4.3}{2} \times \cos 25°\right)}{26.9^2 \sin^2 25°}}\right]$$

$$= 72.9 (\text{m})$$

入水倾角:

$$\cos\beta = \sqrt{\frac{\varphi^2 s}{\varphi^2 s + z - s}} \cos\theta = \sqrt{\frac{0.86^2 \times 49.35}{0.86^2 \times 49.35 + 57.35 - 49.35}} \times \cos 25° = 0.821$$

故 $\beta = 34.83°$,$k_\beta = 1.31$。

以下游水面为基准的坎顶总水头:

$$H = \frac{v^2}{2g} + z - s = \frac{26.9^2}{19.6} + 57.35 - 49.35 = 44.92 (\text{m})$$

估计射流入水分散度 $\sigma = 4$,空中损失系数 $\varphi_a = 0.95$,抗冲系数 $k_r = 1.5$,则冲坑深度:

$$t_s = k_\beta \frac{\varphi_a^{1/4}}{\sigma^{1/9}} \frac{q^{3/4} H^{1/8}}{k_r} - h_t = 1.31 \times \frac{0.95^{1/4}}{4^{1/9}} \times \frac{115.7^{3/4} \times 44.92^{1/8}}{1.5} - 30.5 = 11.45 \text{(m)}$$

按淹没射流计算：

$$L = L_0 + \frac{t_s + h_t}{\tan\beta} = 72.9 + \frac{11.45 + 30.5}{\tan 34.83°} = 133.19 \text{(m)}$$

第17章 高速水流

17.1 某高水头泄洪隧洞，进口段设有事故闸门，类型为平板闸门。已知流量最大时，测得断面最高点的相对压强水头为32m，闸门槽前流速为25m/s，水温为15℃。试问若采用流线型门槽，是否会发生空蚀？（初生空化数 $K=0.6$）

解： 当 $t=15℃$ 时，蒸汽压强 $P_v=1.704\text{kPa}$。

$$P=P_0+P_a$$

则 $\qquad P=P_0+P_a=10^3\times9.8\times32+101.325=313.701(\text{kPa})$

空化数为 $\qquad K=\dfrac{\dfrac{P-P_v}{\rho}}{\dfrac{v^2}{2}}=0.998>0.6$

所以不会发生空蚀。

17.2 某一用刨平木板制成的陡槽，断面为矩形，底宽 $b=5.0\text{m}$，底坡 $i=0.584$，粗糙系数 $n=0.010$。已知通过流量为 $Q=6.14\text{m}^3/\text{s}$ 时测得掺气水深 $h_a=0.15\text{m}$。试计算陡槽掺气水深，并与实测水深相比较。

解： 明渠水流的流量模数为

$$K=\dfrac{Q}{\sqrt{i}}=\dfrac{6.14}{\sqrt{0.584}}=8.03(\text{m}^3/\text{s})$$

$$\dfrac{b^{2.67}}{nK}=\dfrac{5^{2.67}}{0.01\times8.03}=915.24$$

查《水力学》附录B，$h/b=0.017$，即静水水深 $h=0.017\times5=0.085(\text{m})$。

单宽流量：$\qquad q=\dfrac{Q}{b}=\dfrac{6.14}{5}=1.228(\text{m}^2/\text{s})$

掺气浓度：$C=0.38\times\lg\dfrac{i}{q^{2/3}}+0.509=0.38\times\lg\dfrac{0.584}{1.228^{2/3}}+0.509=0.3976$

掺气水深：$\qquad h_a=\dfrac{h}{\beta}=\dfrac{h}{1-C}=\dfrac{0.085}{1-0.3976}=0.141(\text{m})<0.15\text{m}$

17.3 某一矩形断面混凝土陡槽，底宽 $b=3.6\text{m}$，底坡 $i=0.267$，粗糙系数 $n=0.014$。已知通过流量 $Q=4.58\text{m}^3/\text{s}$ 时测得掺气水深 $h_a=0.17\text{m}$。试计算陡槽掺气水深，并与实测水深相比较。

解： 明渠水流的流量模数为

$$K=\dfrac{Q}{\sqrt{i}}=\dfrac{4.58}{\sqrt{0.267}}=8.86(\text{m}^3/\text{s})$$

$$\frac{b^{2.67}}{nK}=\frac{3.6^{2.67}}{0.014\times8.86}=246.47$$

查《水力学》附录 B，$h/b=0.038$，即静水水深 $h=0.038\times3.6=0.1368(\text{m})$

单宽流量： $q=\dfrac{Q}{b}=\dfrac{4.58}{3.6}=1.2722(\text{m}^2/\text{s})$

掺气浓度：$C=0.38\times\lg\dfrac{i}{q^{2/3}}+0.509=0.38\times\lg\dfrac{0.267}{1.2722^{2/3}}+0.509=0.2646$

掺气水深： $h_a=\dfrac{h}{\beta}=\dfrac{h}{1-C}=\dfrac{0.1365}{1-0.2646}=0.1856(\text{m})>0.17\text{m}$